AF221378

Edmondo De Amicis

Erinnerungen an London

Edmondo De Amicis

Erinnerungen an London

Ein Reisebericht aus dem Jahr 1873

Aus dem Italienischen
von Klaus Hübner

Göttingen 2021

Impressum

Bibliografische Information der Deutschen Nationalbibliothek:
Die Deutsche Nationalbibliothek verzeichnet diese
Publikation in der Deutschen Nationalbibliografie;
detaillierte bibliografische Daten sind im Internet über
http://dnb.dnb.de abrufbar.

Deutsche Erstausgabe

Herstellung und Verlag: BoD – Books on Demand,
Norderstedt

ISBN: 9783752898170

VORWORT

Ricordi di Londra („Erinnerungen an London") von Edmondo De Amicis (1846-1908) wurden zunächst in einer italienischen Zeitschrift und danach in Buchform veröffentlicht, wegen der Kürze des Textes und sicher auch gewollt als Kontrastprogramm zusammen mit einem Text des französischen Ingenieurs und Schriftstellers Louis Laurent Simonin (1830-1886) über einen Besuch in den Elendsvierteln von London.

De Amicis besuchte im jugendlichen Alter von 26 Jahren die englische Metropole und war erstaunt über all das, was dort grandios und bewundernswert ist. Aber seine Erinnerungen wirken sachlich distanziert, nichts ist zu finden von der Lebendigkeit, mit der er zuvor seinen Aufenthalt in Madrid beschrieben hat, nichts ist zu spüren von der Begeisterung, mit er später seine Beobachtungen in Istanbul festhalten wird. Zwei Wochen war er in London, aber er fühlte sich unwohl im Moloch dieser geschäftigen, lauten, verkehrsreichen Großstadt, in der der aus großbürgerlicher Familie stammende, in der Nähe von Turin lebende Italiener nicht hätte wohnen wollen. Zudem sprach er kein Wort Englisch. Er konnte sich zwar verständigen, kam zurecht und verstand, alle seine Ziele anzusteuern, aber ihm fehlten Gespräche, Konversation und Geselligkeit, was er an mehreren Stellen auch offenbarte („Melancholie"; S. 48, 80). Und dann war er wieder fasziniert vom funktionierenden Verkehrswesen und der Technik des Maschinenzeitalters. Er fuhr mit der *Tube*, der wenige Jahre zuvor (1863) eröffneten Untergrundbahn, und mit den Zügen der Eisenbahn, die ihre Schienen über die Köpfe der Londoner hinweg auf Stelzen und Brücken quer durch die Stadt gebaut hatte. Auch die Fahrten mit dem *Omnibus* waren für ihn ein Abenteuer (S. 45), seien es die von Pferden gezogenen doppelstöckigen „Kutschen" oder die in London schon seit 1833 verkehrenden Dampfomnibusse.

Museumsbesuche können zu Gewaltmärschen werden (S. 71 ff.), aber die wichtigsten Museen konnte und wollte er sich nicht entgehen lassen, ebenso wenig wie den Besuch vom Crystal Palace im Londoner Süden oder von Madame Tussauds. Hier und vor allem im Tower of London offenbarte er seine Gefühle und seinen Abscheu gegen Verbrechen und Gewalt, die eben nicht nur auf der Straße, sondern auch am Königshof und in den Herrscherhäusern zu finden sind.

Als Italiener fühlte er sich im riesigen und geschäftigen London fast geschrumpft und mitunter in seinem Nationalstolz verletzt, wusste dann aber, dass das vielleicht ärmere und rückständigere, aber dafür ruhigere, sonnige Leben der Südeuropäer gegenüber dem hektischen Leben im zudem ewig nebligen, lauten London auch seine Vorzüge hat. – Aber für solche Gedanken ist jetzt keine Zeit: Auf nach Dieppe, denn dort wartet das Dampfschiff, die Fähre nach Brighton!

*

RICORDI DI LONDRA

DI

EDMONDO DE AMICIS

SEGUITI DA

UNA VISITA AI QUARTIERI POVERI DI LONDRA
di L. SIMONIN.

———

OTTAVA EDIZIONE

———

MILANO
FRATELLI TREVES, EDITORI

———

1882

I

Es regnete, die See war rau, und das Schiff tanzte wie
ein kleines Boot; kaum eine halbe Stunde vom Hafen
von Dieppe entfernt spürte ich zum ersten Mal in
meinem Leben die Symptome der Seekrankheit. Es
waren viele Damen an Bord, die meisten von ihnen
Engländerinnen, die fröhlich an Cacio und Prosciutto[1]
knabberten, ohne auch nur das heftige Schaukeln des
Schiffs zu bemerken, das mir und anderen, von denen
bei einigen bereits mehr als nur ihr Jammern aus den
Mündern kam, den Magen umdrehte. Nun, es ist in der
Tat wahr, dass die Seekrankheit den Menschen alle ihre
Eitelkeiten vergessen lässt. Hätte man mir eine halbe
Stunde zuvor gesagt: „Sehen Sie, hier ist genug Geld,
um einen Monat in London zu bleiben, statt nur zwei
Wochen, wie Sie es beabsichtigen; und noch genug für
eine Reise nach Schottland, auch für einen Ausflug
nach Irland; dieses Geld gehört Ihnen, wenn Sie vor
diesen Damen eine Haltung einnehmen, die Sie
lächerlich erscheinen lässt," – ich gestehe meine Eitelkeit, ich hätte es abgelehnt. Eine halbe Stunde später
jedoch saß ich mit unendlicher Selbstverachtung auf
zwei schaukelnden Säcken, einen Fuß im Osten und
einen im Westen, meinen Zylinder über ein Ohr
gequetscht, ein hochgeschobenes Hosenbein ließ eine

Handbreit meiner teerbeschmierten langen Unterhose sehen, mit hin und her geworfenem Kopf und in einer so resignativen Haltung, dass ich als Modell für eine hässliche Figur der *Languore*[2] hätte dienen können. Oh, es ist ein großes ungesundes Übel, seekrank zu werden, wie Fucini[3] sagt. Um meine Qualen noch zu vergrößern, saß neben mir ein französischer Dummkopf, der mit mir gemeinsam Paris verlassen hatte und der bei jedem Stöhnen von mir wiederholte: *Mais vous n'êtes pas malade, mon cher monsieur: vous languissez d'amour pour celle charmante demoiselle que voilà,*[4] und dabei auf eine Dame zeigte, für die ich nicht mehr die Kraft aufbrachte, sie auch nur anzusehen; die Leute um mich herum lachten. Frauen! Liebe! Hätte mir das schönste Geschöpf dieses Landes in diesem Moment gesagt, wie Victor Hugos Herzogin Josiane zum Akrobaten Gymplaine[5]: „Ich liebe dich, ich akzeptiere dich, komm in meine Arme," ich hätte mich nicht einmal umgedreht, um sie anzuschauen. Selbst der Gedanke: „Heute Abend werde ich London sehen," der mich am Morgen noch so erregt hatte, bescherte mir nur ein unerträgliches Gefühl der Langeweile. – Und ich dachte bei mir, dass ich hier ja sitze, weil ich nach London wollte, um Spaß zu haben! Ach, welch Unsinn! Und wenn ich daran denke, dass ich wieder mit dem Schiff fahren muss, wenn ich zurück will! Nein, das ist unmöglich! Lieber will ich sterben! Ich werde in

England bleiben, ich werde mir einen Job suchen in London, ich werde Verkäufer, Italienischlehrer sein, nur damit ich nie wieder das Meer sehen muss! Zu sterben, wenn meine Stunde kommt, ist gut; aber nie wieder diese Qual!

Wenige Stunden später saß ich im Bahnhof von Brighton in einem Restaurant und hatte die Idee aufgegeben, in England sterben zu wollen!

Es wurde langsam dunkel, als ich mit dem Zug nach London aufbrach. Ich machte es mir im Abteil meines Wagens gemütlich und fing an, diesen großartigen Gedanken zu genießen, dass ich in wenigen Stunden in London sein würde. London! Ich wiederholte diesen Namen immer wieder vor mir selbst und das klang für mich, als wenn man eine Goldmünze auf der Tischplatte zum Klingen bringt. London! Ich versuchte mir zu sagen, als ob ich es nicht schon vorher gewusst hätte, dass es eine ungeheuerliche Stadt, ein *mare magnum*[6], ein Babylon, ein Chaos ist. Es ist die größte Stadt der Welt! Ich dachte, darin steckt etwas Absolutes, an das keine andere Stadt heranreicht; denn auch wenn es schönere Städte gibt, wie kann man dann sagen, welche davon die schönste ist? Aber in London ist es ein neues Vergnügen, etwas zu sehen, das in gewissem Sinne unbestreitbar den höchsten Rang in der Welt besetzt; etwas, über das man seine Gedanken nicht hinausschieben kann, ohne in das Reich der Träume einzutreten; etwas, von dem man sagen kann: „Kein Mensch hat je etwas Größeres gesehen!"

Ich fuhr allein nach London, ohne jemanden zu kennen, ohne Empfehlungsschreiben. Und ich freute mich über den Gedanken, dass es das Beste sei, so dorthin zu reisen, um sich dann in diesem Ozean verloren zu fühlen, um dieses Gefühl fast von Angst zu empfinden, das einen in solch großen, unbekannten Räumen durchdringt, das einen überwältigt, um so mit einem Wort den ganz unvoreingenommenen, offenen Eindruck zu erhalten, den diese immense Stadt in der Seele eines Ausländers hervorrufen muss. Und was dies betrifft, so hatte ich auch den Vorteil, dass ich nicht ein Fünkchen Englisch sprach, dass ich knapp bei Kasse war, dass ich nichts als einen schäbigen Koffer bei mir hatte, der Elend ausstrahlt, und das ist schließlich alles, was man braucht, um sich in einer großen unbekannten Stadt klein und unbedeutend zu fühlen. Als ich über all das nachdachte, rieb ich mir die Hände und sagte: „London, ich bin bereit."

Es war bereits Nacht, als ich in die Stadt kam. Wir waren nach London hineingefahren, ohne es zu bemerken, und ich staunte, als mir ein Zeichen gegeben wurde, nun auszusteigen. Ich verließ den Zug und befand mich unter dem riesigen Dach des Bahnhofs

London Bridge, inmitten eines Gewirrs von Lampen, Pferdefuhrwerken und Kutschen. Ich steige in das nächste *hansom cab*[7] und gebe dem Kutscher einen Zettel mit dem Namen und der Straße des Hotels, das man mir in Paris empfohlen hatte.

1 A hansom cab

Der Kutscher liest den Zettel, er nickt, dass er verstanden hat – und bewegt sich nicht vom Fleck. Ich gebe ihm ein Zeichen, dass er aufsteigen und losfahren soll, aber er rührt sich nicht vom Fleck. Ich fange an, Französisch auf ihn einzureden: Er versteht anscheinend kein Wort, und als er sich ruhig an die Tür lehnt, fängt er an, sich auf Englisch mit mir zu unterhalten. „Jetzt bin ich mit meinem Latein am Ende," sage ich zu mir, „was mache ich jetzt?" Ich verschränke die Arme und schaue ihn an; er verschränkt die Arme und schaut mich an, dann schauen wir uns einige Augenblicke an. Schließlich verliere ich die Geduld, steige von der Kutsche herunter, rufe ihm zu: „Donkey!" und gehe meines Weges. Später verstand ich, dass er mich nicht zu meinem Hotel bringen wollte, weil es zu entfernt entfernt war.

Jetzt will ich weg von hier! Aber wie? Aber wohin? Ich gestehe, dass ich mich in diesem Moment entmutigt fühlte. Dieser unermesslich große Bahnhof, aus dem ich den Ausgang nicht finden konnte; dass ich nicht wusste, wohin ich gehen sollte. Diese erste unglückliche Begegnung mit dem Kutscher schien mir ein schlechtes Omen zu sein, das Gewicht des Koffers, der mich beim Gehen behinderte, die Feuchtigkeit, die ich auf meinem Rücken fühlte, die Nacht, die Verwirrung, all das gab mir ein plötzliches Gefühl von Traurigkeit und Bestürzung. Nachdem ich wahllos hin und her gelaufen war, schlüpfte ich schließlich durch eine Tür und fand mich draußen vor dem Bahnhof wieder. Nun fühlte ich mich, als wäre ich direkt in ein Chaos gestürzt. Der Lärm vieler Kutschen, die ich nicht sehen konnte, das Pfeifen von Eisenbahnzügen, das von irgendwo her kam, ein Durcheinander von Lichtern, von oben und von unten, auf allen Seiten und in allen Höhen, ein Nebel, der mich weder Formen noch Entfernungen zusammenbringen ließ und ein Kommen und Gehen von Menschen, die zu fliehen schienen, das war das erste Spektakel, das sich mir bot. Ich schwankte, humpelte und lief wie ein Narr eine Straße entlang, der Kopf wusste nicht, wohin. Schließlich, als ich meinen Koffer nicht mehr halten konnte, stellte ich ihn auf den Boden und blieb stehen. Glücklicherweise hob ich den Blick und sah ein farbiges Licht mit den Worten: „On parle francais." Es war ein Hotel; ich atmete tief durch, nahm meine Last wieder auf und betrat schüchtern wie ein Provinzler das Großstadt-hotel. Eine schlecht gelaunte Dame, die die Chefin war, hörte meine ersten Worte und rief einen Pagen, den ich fragte, ob es ein Zimmer für mich gäbe. Der Page spuckte jedes französische Wort aus, als müsse er sich dabei Erbrechen, und musterte mich von Kopf bis Fuß mit jener Miene der Verachtung und des Misstrauens, die für seinen Beruf charakteristisch ist. Dann antwortete er mir, dass es ein Zimmer gäbe; aber – so fügte er hinzu – das koste fünf Schilling. Und wieder schaute er mich von Kopf bis Fuß mit skeptischer Miene an. Tatsächlich war meine Kleidung so beschaffen, dass sie sein Misstrauen fast entschuldigte.

Egal, mit all der Empörung eines geborenen Millionärs warf ich eine Pfundnote auf den Tisch, und mit einer Geste, die mir zu einem Vers von Dante passend würdig erschien, sagte ich: „Hier ist das Geld. Zeigen Sie mir das Zimmer!" – Er brachte mich zu meinem Zimmer und ich warf mich sofort auf das Bett, konnte aber lange Zeit meine Augen nicht schließen, so groß war der Lärm, der an mein Ohr drang. Es war ein dumpfes und monotones Geräusch, als ob das Meer gegen das Haus donnern würde; und inmitten dieses Brummens ertönte lautes Geschrei, das von sehr weit her zu kommen schien und mich an tausend seltsame Dinge denken ließ, als seien es Laute von Worten, entflohen aus der großen, schlafenden Stadt, ein Stöhnen, entwichen aus ihren nicht enden wollenden Vororten, Ausdünstungen aus dieser gramerfüllten Stadt, die von Mühsal heimgesucht worden war, Anklagen und Rechtfertigungen. Laute, wie sie im großen Gebrüll der stürmischen See zu hören sind. Nach und nach verstummten die lautesten Geräusche, ich hörte nicht mehr als das eintönige Brummen; dann hörte ich plötzlich wieder die Geräusche wie zuvor, – eine Stadt wie London ringt mit dem Schlaf; dann hörten die Geräusche wieder auf; schließlich schlief ich ein und hatte die ungewöhnlichsten Träume dieser Welt.

Am nächsten Morgen, lange vor Sonnenaufgang, verließ ich das Hotel und steuerte auf die Themse zu. Ich war nur einen kurzen Spaziergang von der London Bridge entfernt, mitten im Herzen der Stadt. Nur sehr wenige Menschen waren zu sehen. Es herrschte große Stille, der Himmel war grau, es war kalt, ein leichter Nebel verhüllte alles, ohne es zu verbergen. Ich ging in schnellen Schritten zur Brücke, da ich wusste, dass es dort die schönste Aussicht auf London geben sollte.

Als ich in der Mitte der Brücke ankam, warf ich die ersten Blicke auf das Panorama, spürte ein Gefühl der Kälte vom Kopf bis zu den Füßen und blieb bewegungslos stehen. Dann blitzte in mir das Bild von Paris auf, wie es vom Pont Neuf aus zu sehen ist, und Paris erschien mir jetzt außerordentlich klein.

2 London Bridge

Ich lehnte mich gegen das Geländer und sagte mit dem Tonfall von jemandem, der etwas Ordnung in seinen Kopf bringen will: „Nun lass' mal sehen, was wir hier alles haben."

Unter mir der breite Strom der Themse: auf der einen Seite liegen, weiter als das Auge reicht, vertäute Schiffe, auf der anderen Seite eine Reihe gigantischer Brücken; entlang beider Ufer in der Nähe der Brücke stehen robuste schwarze Häuser wie alte Festungen, ungeordnet zusammengepfercht direkt am Ufer. Etwas weiter große Türme von unheimlich aussehenden Gebäuden mit riesigen, gewölbten Dächern wie von Bahnhöfen, lange gerade Linien wie riesige Wälle, und hinter ihnen ein Durcheinander von gebrochenen Umrissen und vagen Formen, die allmählich in leichte, aschgraue Schattierungen zerfallen, bis sie nicht mehr als eine grandiose Unordnung nebliger Profile von Schornsteinen, Türmen, Kuppeln, Glockentürmen darstellen; und noch weiter entfernt entdeckt man über einem diffusen Lichtstreifen, der sich am grauen Horizont abzeichnet, geheimnisvolle Umrisse von anderen, entfernten Städten, die mehr erraten als gesehen werden können. Auf allen Gebäuden in der Nähe, auf den Brücken, an den Ufern nur schmutzige Fabrikfarbe, eine von Mühen und Erschöpfung abgenutzte Stadtluft, ein zähflüssiges und düsteres

Aussehen wie das einer vom Feuer verwüsteten Stadt; – ein immenses und melancholisches Schauspiel.

Was für seltsame Spiele unser Gehirn spielt! Angesichts dieses Spektakels, das unsere Sinne komplett fesseln sollte, eilen unsere Gedanken mit uns davon, plötzlich sind sie tausend Meilen weit weg und die sinnlosesten Kleinigkeiten tauchen auf, die in keinerlei Beziehung zu dem stehen, was wir sehen, und an die wir eher in unserem täglichen Leben denken würden. Zum ersten Mal sehe ich London und denke dabei an einen Band von Voltaires Werken, den ich ausgeliehen hatte und den ich vor meiner Abreise aus Turin nicht zurückbekommen hatte.

Dann vergaß ich das Buch und es tauchten tausend verschiedene Bilder von Menschen und Dingen auf, wie ich mir sie immer vor einer Abreise in eine unbekannte Stadt vorgestellt habe: Buchhandlungen, vollgestopft mit den Romanen von Charles Dickens; Königin Elisabeth; eine englische Familie, die ich eines Tages vor Ghibertis[8] Türen am Baptisterium in Florenz gesehen hatte; eine Geste, die mein Vater machte, als er einmal sagte: „Wie viel würde ich dafür geben, London zu sehen!" – und das Porträt des Schauspielers Garrick[9], das ich in einer illustrierten Zeitung gesehen hatte.

Dann wieder eine unerklärliche Abschweifung wie die Erkenntnis, dass ich mich nicht rasiert hatte und ich mich fragte, wo ich frühstücken werde.

3 Lambeth Palace

Dann ein lebhaftes Erstaunen, mich an diesem Ort zu befinden, als hätte es mich vom Himmel geregnet; abgelöst von einer gelangweilten Gleichgültigkeit, als sei ich schon immer dort gewesen; und dann kehrte wieder die Verwunderung des ersten Moments zurück. Es ist wirklich wahr, was der heilige Augustinus sagte, der fast nichts auf das Reisen zählte, so viel wunderbarer ist das, was in unseren Köpfen vor sich geht, als alles, was wir draußen in der Welt sehen können!

Ich überquerte die Brücke, erreichte den kleinen Platz, der sich am linken Ufer öffnet und nahm eine der leeren Straßen, die zur St. Paul's Cathedral führen; ich bog rechts ab und fand mich nach zwei oder drei Biegungen auf dem Fischmarkt von Billingsgate wieder, in einer engen, feuchten, dunklen Straße, voll von Karren und Leuten, die kaum aneinander vorbeigehen konnten; ich ging weiter, umgeben von einem so starken Heringsgeruch, dass ich mir nach ein paar Minuten ein Frühstück hätte machen können, indem ich ein Scheibe Brot an meinen Kleidern gerieben hätte; ich kam zum berühmten Tower, der Bastille von London; ich umrundete ihn, wobei ich misstrauisch auf seine finsteren Wände blickte; ich kam zu den Docks und nahm mir vor, hier eine große Runde zu drehen, um nicht denselben Weg zurücklaufen zu müssen. Lange, gewundene Straßen, flankiert von hohen, dunkel gefärbten Mauern, ohne Türen und Fenster, wie Gefängnismauern; Gruppen von Hunderten von Arbeitern, die auf den Straßen herumstanden, andere in Gruppen, die leise in den dunklen Gassen verschwanden: eine halbe Stunde lang sah ich nichts anderes. Ich ging durch diese eintönigen Straßen wie durch die Mäander einer alten Festung, gelangweilt und melancholisch, ohne die leiseste Ahnung zu haben, wo ich herauskommen würde. Nach einer Weile bemerkte ich an einer bestimmten Ecke, dass ich die Straßen schon einmal durchlaufen hatte, und mir wurde klar, dass ich zurückgehen und aufs Neue lange Wege gehen müsse, um wieder in die richtige Richtung zu kommen. Ich hatte das St. Katharine Dock hinter mir gelassen und dachte, dass ich mich am Ende des London Docks befand. Ich beschloss, bis zu den West India Docks zu gehen und kam in eine endlos erscheinende Straße, die zur Rechten von Dockmauern und zur Linken durch kleine Häuser begrenzt war, zwischen denen andere sehr lange Straßen abgingen, das Ganze flankiert von Fabriktürmen, Mauern von Speicherhäusern und vielen schwarzgefärbten Fischräuchereien, alles wild durcheinander.

Als ich weiter ging, schien es mir nicht so, als würde ich mich weiter und weiter von London entfernen, sondern als würde ich mich dem Zentrum nähern. Aber voller Zuversicht in meine Beine und ermutigt durch die Erfahrung von Paris, wo ich zum Erstaunen meiner Freunde selten die Kutsche genommen hatte, ging ich ohne Angst weiter. Es kam jedoch ein Moment, in dem ich dachte, es wäre nicht verkehrt zu wissen, wo ich mich befand. Als ich an einer Gruppe von Arbeitern vorbeikam, hörte ich einen, der französisch sprach. Ich blieb stehen und fragte ihn, ob die Gebäude vor mir die West India Docks seien.

Alles was ich zur Antwort bekam, war die Wiederholung meiner Frage: „Ob das die West India Docks sind?", und er schaute mich mit einer Haltung an, die mir sagte, dass ich verrückt sei.

- „Sind sie es oder sind sie es nicht?"

- „Aber mein lieber Herr," antwortete er mir lachend, „man sieht, dass Sie keine Ahnung von London haben. Dies ist das Londoner Dock."

- „Immer noch das Londoner Dock?" Ich laufe doch schon über eine halbe Stunde, seit ich es durch das Eingangstor betreten habe."

- „Na und? Wissen Sie nicht, dass allein die Tabakspeicher im Londoner Dock eine britische Meile lang sind?"

- „Aber wie lange dauert es dann noch bis zum West India Dock?"

- „Wollen Sie mit dem Schiff oder mit der Bahn fahren?"

- „Ich möchte dorthin laufen."

Er schaute auf meine Füße.

- „Ich weiß es nicht", antwortete er, „aber ich kann mir vorstellen, dass es vier oder fünf Meilen sind."

- „Und was gibt es zu sehen auf diesen vier oder fünf Meilen?"

- „Häuser, Docks, Lagerhäuser, Fabriken."

- „Ununterbrochen?"

- „Unnterbrochen!"

- „Und was kommt nach den West India Docks?"

- „Nach den West India Docks kommt das Outer Dock."

- „Und wie weit ist es bis zum Outer Dock?"

- „Noch weitere vier oder fünf Meilen."

- „Immer inmitten von Häusern und Fabriken?"

- „Immer zwischen Häusern und Fabriken."

- „Und was kommt nach dem Outer Dock?"

- „Dort gehen Sie weiter bis auf die Höhe von Greenwich, das liegt auf der anderen Seite des Flusses."

- „Wie weit ist das?"

- „Weitere zwei oder drei Meilen."

- „Überall Gebäude?"

- „Überall Gebäude."

- „Was kommt nach Greenwich?"

- „Nach Greenwich kommen Sie zum East India Import Dock."

- „Und ist es ein weiter Weg von Greenwich?"

- „Etwa acht Meilen."

- „Immer zwischen Häusern und Fabriken?"

- „Immer zwischen Häusern und Fabriken."

- „Und was kommt danach?"

- „Dann geht es immer so weiter."

- „Wann hört es dann auf?"

- „Das weiß nur Gott!"

Nun lag es an mir, auf meine Füße zu schauen. Ich verabschiedete mich von dem Arbeiter, machte niedergeschlagen kehrt und sagte zu mir: „Oh Du armer verblendeter Mann! Du dachtest, Du könntest zu Fuß durch London laufen, von einem Ende der Stadt zum anderen!"

Ich überquerte erneut den Fischmarkt, ging an der London Bridge vorbei und steuerte auf das Stadtzentrum zu.

Als ich in die Fleet-Street kam, hatte die Rush Hour schon begonnen.

Jetzt sah ich London!

4 London Omnibus (1865)

II.

Auf beiden Bürgersteigen der Straße liefen die Menschen so dicht gedrängt wie am Ausgang eines Theaters, aber es waren keine Versammlungen, keine herumstehenden Gruppen, niemand schrie oder gestikulierte; sie alle eilten ruhig ihres Weges, wobei jeder jede kleine Möglichkeit nutzte, seinen Vorgänger zu überholen; manche stießen aneinander, ohne sich dabei auch nur umzudrehen. In der Mitte der Straße fuhr eine lange Reihe großer, farbenfroher Omnibusse vorbei, die wie Karnevalswagen aussahen, mit einer Art Wendeltreppe vorne, die sich von unten nach oben verbreiterte und so die Menschen in Form eines Fächers in die Luft brachte, die untersten fast bis zum Boden, die obersten reichten mit ihren Köpfen bis an das erste Stockwerk der Häuser heran und schienen über dem Bus in der Luft zu schweben. Zwischen den Omnibussen und auf der anderen Straßenseite herrschte ein unbeschreibliches Durcheinander von *hansom cabs*, Handkarren, Schubkarren, Kutschen, Droschken, Fuhr-werken, von Wagen in allen Formen, mit Reklame-plakaten versehen, von drei, fünf und sogar acht Pferden gezogen, deren Mäuler gegen das Heck der vorderen Wagen stießen, die Naben der Räder berühr-ten sich gegenseitig, ein ständiges Geschiebe dieser

Schlangen; ständig bildeten sich Knäuel dutzender Fahrzeuge, lösten sich wieder auf und ließen jeden Augenblick befürchten, dass sie alle zusammenkrachen und auseinanderfallen wie eine große Maschine, die durch einen heftigen Zusammenstoß zerbricht. Zwischen den Kutschen und Wagen, entlang der Fußwege, schwer beladene Träger, Jungen mit Handkarren, Männer mit Reklameschildern um den Hals rennen zwischen den Wagen und den Fußwegen hin und her, als müssten sie um ihr Leben fürchten. An jeder Straßenecke fließt dieser ungeheure Strom von Menschen und Dingen in breitere Kanäle über, nimmt Zuflüsse auf, breitet sich aus und verlangsamt sich auf Plätzen und Höfen, filtert sich durch Gassen und Gässchen zu verschlungenen Rinnsalen, die sich zwischen den Häusern verlieren. Wie ich so von der Strömung mitgerissen vorwärts gehe, höre ich über meinem Kopf ein scharfes Pfeifen, hebe die Augen und sehe einen Eisenbahnzug, der über eine Brücke fährt, die über die Straße gebaut ist. Der Zug ist gerade vorbeigefahren, da höre ich wieder einen Pfiff, diesmal von einer anderen Seite; ich sehe einen weiteren Zug über die Kamine der seitlichen Häuser fahren. Gerade kommt auf der gegenüberliegenden Seite eine Rauchwolke aus einer weiten Öffnung mitten in der Straße heraus: Es ist ein dritter Zug, der auf den unterirdischen Gleisen und hier einen Augenblick unter freiem Himmel fährt und dabei einen Gruß ans Tageslicht pfeift. Ich komme zu der Einmündung einer breiten Straße; in der Ferne sehe ich die Themse, die Brücken; auf den Brücken begegnen sich andere Züge, aus beiden Richtungen kommend, während sich unter den Brückenbögen Dampfschiffe begegnen, die mit großen, vom Wind geformten Rauchwolken an mir vorüberziehen, lange Reihen von Kähnen, die von Schleppern gezogen werden, Schwärme von Flößen und kleinen Booten; und entlang der Brücken Prozessionen von Menschen, die auf dem gegenüberliegenden Ufer verschwinden. Als ich weiter gehe, sehe ich in der Ferne andere Straßen, deren Ende sich nicht erahnen lässt, gesäumt von riesigen Gebäuden, von anderen Menschenströmen durchzogen. Eine Kakophonie vom Lärm eiserner Brücken, die unter dem Gewicht der langen Züge ächzen, die mit ihrem Pfeifen und ihren dicken Rauchschwaden über meinem Kopf, unter meinen Füßen, in der Nähe und Ferne, auf dem Boden, in der Luft und im Wasser, ein wildes Wettrennen von Ankünften und Abfahrten verkünden, eine ständige Wiederholung von Begegnungen und Trennungen, begleitet von Krachen und Quietschen, von dumpfen Stößen und Rumpeln; es ist wie die Konfusion auf einem riesigen Schlachtfeld unter dem Uhrwerk einer gigantischen Maschine; und dazu die Dunkelheit des Himmels, die düsteren Gebäude, die

Stille der Menschenmenge und die Ernsthaftigkeit in ihren Gesichtern, die der Aufführung einen geheimnisvollen und schmerzhaften Aspekt verleiht, als ob diese nicht enden wollende Bewegung eine schicksalhafte Notwendigkeit sei und diese immense Arbeit eine ewige Verdammnis wäre. Benommen und fassungslos stürzte ich mich in einen Pub und holte tief Luft: „Aber was ist das für eine Welt?" fragte ich mich: „Wie kann man so leben?"

Kurz darauf machte ich mich wieder auf den Weg und kam zum Trafalgar Square, der im Zentrum des von den Fremden am meisten frequentierten Stadtteils liegt. Ich mochte die hohe, im Nebel verschwindende Säule, die die Statue des noblen Admiral Nelson trägt, und ich bewunderte die vier riesigen Löwen, die um den Sockel herum platziert sind; aber der Trafalgar Square blieb unter dem, was ich erwartetet hatte, vielleicht weil ich ihn mit dem Place de la Concorde in Paris verglich. Am Trafalgar Square ist der Treffpunkt aller Omnibusse aus dem westlichen London, und jeder kann sich das geschäftige Treiben vorstellen. Ich lachte bei dem Gedanken daran, was wir unter einer großen Menschenmenge verstehen, wenn wir an die Via del Corso in Rom, die Via Toledo in Neapel und an manche größeren Straßen von Genua denken, denn das sind eher kleine Dorffeste, verglichen mit dem

Getümmel auf dem Trafalgar Square. Ich verließ den Platz und folgte Whitehall bis zu den Houses of Parliament, von dort aus steuerte ich die Westminster Bridge an.

5 Westminster Palace

Die Aussicht von dort ist die schönste auf London, und es übertrifft alle Ansichten von den Seine-Brücken. Auf der einen Seite sieht man den großen und fein gegliederten gotischen Palast des Parlaments, der mit unzähligen Türmen gekrönt und mit tausend Statuen von Königinnen und Königen geschmückt ist. Dahinter erheben sich die Türme der glorreichen Westminster Abbey, Englands Pantheon, während auf der anderen Seite die acht eleganten, in lebhaften Farben bemalten Gebäude des Krankenhauses von St. James[10] zu sehen sind; blickt man den Fluss aufwärts, öffnet sich für den Betrachter ein fröhlich stimmendes Panorama. An diesem Punkt scheint man in einem anderen London zu sein. Ich weiß nicht, welche südlichere Stadt einen solch ruhigen, majestätischen Anblick bietet. Die Themse, auf der nur ein paar Dampfer und Boote zu sehen sind, fließt schweigend vorbei am Symbol von Englands Ruhm und Macht, den Houses of Parliament, es ist wie die Parade einer nicht enden wollenden Armee vor ihrem König. Von dieser klaren und ruhigen Gegend aus kann man weit weg im Hintergrund wie durch einen Schleier das Wirrwarr der schwarzen Gebäude, die von Menschenschwärmen gefüllten Brücken und den dichten Rauch der Londoner City sehen, wo alles in Bewegung ist und arbeitet.

Als ich auf der Westminster Bridge stand, beobachtete ich zum ersten Mal, dass in London, wann immer es auf den Straßen etwas lebhafter wurde, viele Männer, sogar Gentlemen, mit umgeschlagenen Hosenbeinen herumliefen wie die Bauern auf dem Lande. Viele von ihnen trugen auffällige Blumensträuße in ihren Knopflöchern. Ich gestehe, dass ich mir das Lachen nicht verkneifen konnte, wenn ich – was oft geschah – einen Mann mit sehr ernsthafter Miene sah, so geschmückt und mit umgeschlagenen Hosenbeinen.

Zurück am linken Ufer der Themse erkundete ich die größeren Straßen, wobei sich der mitgebrachte Stadtplan als nützlich erwies und ich keinen nach dem Weg fragen musste.

6 Somerset House

Es ist schwierig, zu beschreiben, wie die Londoner Straßen aussehen. Keine Stadt präsentiert eine so ungeordnete Vielfalt von Formen, eine so kapriziöse Mischung von Schönem, Hässlichem, Prächtigem, Armem, Traurigem, Seltsamem, Großem, Langweiligem. Im Ganzen erscheint es einem als eine fremdartige Stadt, sie ist aber zusammengesetzt aus anderen Städten, die man zuvor bereits gesehen hat, und denen man hier eine Gleichförmigkeit gegeben hat, um deren unterschiedliche Ursprünge zu verbergen. Die Architekturen aller Länder und aller Zeiten finden sich hier versammelt, überlagert, ineinander verflochten. In derselben Straße wechseln sich arabische, byzantinische, gotische und klassische sowie verschiedene englische Stilrichtungen ab. Ein einzelnes Gebäude kann spitze Bogenfenster und ein griechisches Peristyl[11], maurische Säulen und Renaissance-Karyatiden[12], das Dach einer indischen Pagode und die Wände eines ägyptischen Tempels aufweisen. Auf Schritt und Tritt entdeckt man etwas, das die Gedanken tausende Meilen vom Aufenthaltsort wegträgt.

An manchen Punkten ist es eine verwirrte Reminiszenz an Venedig, anderswo ein vager Hinweis auf Rom, hier fällt einem Sevilla ein, dort wird man an Köln erinnert, ein paar Straßen weiter scheint es eine Pariser Straße zu sein. Alle diese Formen, die man anderswo gesehen hat, erscheinen nun, von Rauch und Nebel geschwärzt, strenger. Weit von ihrem Heimatland entfernt scheinen sie traurig zu sein, betrübt von dieser stickigen Atmosphäre, von diesem Lärm, dem Spektakel dieses unruhigen Lebens. Darüber hinaus wirkt diese übermäßige Fülle von Säulen, Giebeln, Türmen, Ricaschi[13], Reliefs, Ornamenten und monumentalen Formen protzig und ermüdend. All diese Kunst hat die Atmosphäre von etwas Importiertem und wirkt hier fehl am Platz. Es ist ein Exzess, eine Verschwendung von Reichtum und Luxus zum Zwecke des schönen Anscheins. Man sieht eine opulente Stadt, die ihre Schönheit nach Goldgewicht gekauft hat; man fühlt sich erinnert an die Frau eines reichen Kaufmanns, die angekleidet und geschminkt aufgehübscht wurde.

Diesen von Fürstenpalästen flankierten Straßen stehen andere sehr lange Straßen gegenüber, die von unzähligen Häusern flankiert werden, alle von einer Farbe, alle von einer Höhe, alle von einer Form, mit dem Dach hinter den Mauern verborgen, so dass sie ohne Dächer zu sein scheinen, ohne Terrassen, ohne Fensterläden, so kahl wie Festungsmauern, in einigen Straßen so schwarz wie der Kamin eines Schornsteins, mit Türen und Fenstern, die von weißen Streifen umgeben sind, die ihnen das Aussehen von riesigen Katafalken verleihen; Anderswo sind sie dunkelrot oder schmutzig-gelb, als seien die Häuser aus Lehm und Ruß gefertigt; man kann meilenweit durch diese Straßen laufen, immer entlang dieser Farben und Mauern, ohne an einem einzigen Gebäude vorbeizulaufen, das diese melancholische Gleichförmigkeit durchbricht, ohne ein einziges Haus, das an die reiche und prachtvolle Stadt erinnert.

Aber auf der anderen Seite verblüffen der Reichtum und die Pracht der aristokratischen Viertel. Auf Schritt und Tritt findet man sich vor einem riesigen Palast voller Basreliefs und Ornamente wieder, und man denkt, es sei ein Königspalast, stattdessen ist es ein

Bahnhof, ein Hotel, ein Handelshaus. Ganze Straßenzüge werden auf beiden Seiten von diesen prächtigen
Riesen flankiert, von deren äußerster Ecke aus gesehen
der nächste bereits sehr weit entfernt zu sein scheint.
Ihre schwarze Masse ragt vage über die Nebel hinweg
wie eine riesige Felswand. Das Große, das in anderen
Städten verstreut ist und gesucht werden muss, findet
man hier in einer einzigen Straße; und das, was in
anderen Städten so bedeutend erscheint, würde hier in
London schrumpfen und verschwinden. Man geht
durch monumentale Stadtviertel, durch eine Stadt der
Paläste, hier ist alles ruhig, als wäre sie unbewohnt, und
man kommt dann in eine Stadt voll Fabriken, wo man
tausend Geräusche hört, aber niemanden sieht; und von
dieser in einen riesigen Vorort, vollgestopft mit
Menschen und doch so still wie ein Grab; und wenn
man aus diesem Vorort herauskommt, kehrt man in die
Stadt der Paläste zurück. Man geht nicht durch eine
Stadt, man reist durch ein ganzes Land.

7 Royal Observatory Greenwich

Wer kann schon sagen, welche Tausende von schwer fassbaren Eindrücken man bekommt, wenn man allein in einer Stadt wie London unterwegs ist? Man entdeckt und spürt immer wieder Wunderbares; aber zwischen den Momentaufnahmen fühlt man meist nichts als Langeweile und Müdigkeit. Zehn Mal pro Stunde fragt man sich: „Aber habe ich wirklich Freude daran? Ist das die ganze Freude, die man auf Reisen empfindet?" Mitunter überfällt einen plötzlich die Angst, mitten auf der Straße zusammenzubrechen und von irgendjemandem aufgehoben und wer weiß wohin gebracht zu werden. Andere Orte wecken mysteriöse Analogien zu Orten, Umständen und Menschen, die einem so vorkommen, als wäre man in einer früheren Zeit genau an diesem Ort gewesen, zur genau gleichen Stunde, in demselben Sonnenlicht und mit demselben Geruch in der Luft. In einem Augenblick empfindet man eine grundlose Freude, eine plötzliche Liebe zu dem Land, in dem man sich befindet, Zuneigung, die einen dazu bringt, alle Vorübergehenden mit wohlwollenden Augen zu betrachten, als wären es Freunde. Zu anderen Zeiten verdüstert ein misstrauischer Blick die Seele, die unhöfliche Reaktion eines Fremden entmutigt einen, lässt einen das Land hassen. Der klagende Klang eines Akkordeons in manchen dunklen und dicht bevölkerten Straßen lässt einen verwirrt an die endlosen Geheimnisse des Elends und der Verbrechen denken, die in diesen immensen menschlichen Ameisenmassen lauern; und man sehnt sich danach, weit draußen unter freiem Himmel in einer einsamen Villa zu sein, die man vielleicht zehn Jahre zuvor vom Fenster einer Postkutsche aus gesehen hat.

Einmal, als ich mich in der Nähe einer Station der Untergrundbahn befand, entschloss ich mich, mit ihr zu fahren. Ich ging zwei oder drei Treppen hinunter und finde mich plötzlich vom helllichten Tag in die finstere Nacht versetzt: flackernde Lichter, Menschen, Lärm, Züge, die ankommen und wieder in der Dunkelheit verschwinden. Mein Zug kommt herein, hält an, Leute eilen heraus, die Wartenden springen in die Wagen; noch während ich nach den Abteilen der zweiten Klasse suche, ist der Zug schon abgefahren. „Was ist passiert, warum hält der Zug nicht?" frage ich einen Mitarbeiter. „Machen Sie sich keine Sorgen," beruhigt er mich, „da kommt ja schon der nächste." Die Züge scheinen nicht einer nach dem anderen zu fahren, sondern einander zu jagen. Der nächste Zug kommt, ich steige ein und ab geht es so schnell wie ein Pfeil. Dann beginnt ein neues Spektakel. Wir fahren durch die Fundamente der Stadt, hinein ins Unbekannte. Zuerst taucht man in dichte Finsternis ein, dann sieht man für einen Moment das gedämpfte Licht des Tages, dann ist man wieder in der Dunkelheit, hin und wieder durch seltsame Lichtblitze unterbrochen; dann fahren wir in hunderte Lichter eines Bahnhofs hinein, der sogleich wieder hinter uns in der Dunkelheit verschwindet; andere Züge fahren vorbei, aber man kann sie nicht sehen; dann ein plötzlicher Halt an einer Station, tausend Gesichter einer wartenden Menge, erleuchtet wie vom Feuerschein; und weiter geht es, inmitten eines ohrenbetäubenden Lärms von zuschlagenden Türen, Glocken werden geläutet, wieder Dunkelheit, wieder Züge, wieder der Schimmer des Tageslichts, weitere beleuchtete Bahnhöfe, weitere Menschenmassen, die zusteigen, uns begleiten, den Zug verlassen, bis man den letzten Bahnhof erreicht. Ich eile aus dem Wagen, der Zug verschwindet, ich werde durch eine Tür gestoßen und halbwegs eine Treppe emporgetragen, bis ich wieder das Tageslicht erblicke. Aber wo bin ich? Welche Stadt ist das? Wie komme ich von hier wieder nach Hause? Endlich fasse ich einen ruhigen Gedanken: Ich gehe in einen Pub und studiere die Karte.

8 The Tube

Nach einem langen, gründlichen Studium der Karte finde ich den Weg zum British Museum. Es ist von allen Museen in London dasjenige, das meine Neugier am meisten weckt. Ich eilte durch die gewaltigen Skulpturensäle, die ägyptischen Säle, die assyrischen Säle, und stoppte schließlich im Raum mit den Manuskripten, um hier Shakespeares Mietvertrag und den Kaufvertrag für *Paradise Lost*[14] sowie die anderen unzähligen Autogramme der größten Künstler und Monarchen der Welt zu betrachten. Aber von all diesen Autographen haben mich nur zwei zutiefst beeindruckt, und ich konnte meine Augen eine Weile nicht von ihnen abwenden. Es handelt sich nur um zwei kleine Blätter Papier, auf einem davon steht eine Summe, auf dem anderen sind ein paar kleine Kreise, einige geradlinig angeordnet in der Mitte des Blatts, einige in einer Ecke zusammengefasst; und es scheinen sowohl die Summe als auch die Kreise in Eile von erregter Hand geschrieben und gezeichnet worden zu sein. Von all den Manuskripten im Museum sind diese beiden Blätter sicherlich die, auf denen in einem der ernstesten Momente geschrieben und gezeichnet wurde. Wer kann sich je eine Vorstellung davon machen, was in den Köpfen dieser beiden Männer vor sich ging, als sie diese Zahlen und Kreise zu Papier brachten, welche Erregung dies in ihnen hervorrief! Die Zahlen repräsentieren die Stärke der englischen Armee und sie wurden am Abend vor der Schlacht von Waterloo geschrieben; die Kreise repräsentieren die Schiffe der englischen und der französischen Flotte, und sie wurden kurz vor der Schlacht von Aboukir gezeichnet; die Zahlen wurden von Wellington zu Papier gebracht, die Skizze von Admiral Nelson. Es gibt auch Manuskripte von Galileo, Newton, Michelangelo,

Franklin, Washington, Molière, Charles V., Peter dem Großen, Dürer, Luther, Tasso, Rousseau, Cromwell ... genug, alles, was man sich schenken kann. Aber noch etwas Seltsames will ich hier anmerken: Heute weiß ich nicht, was ich dafür gäbe, nur eines dieser Manuskripte vor Augen zu haben, aber damals, als ich mich nur über die Vitrinen hätte bücken müssen, um sie anzuschauen, spürte ich nicht einmal einen Hauch von Neugier; und was noch seltsamer ist, damals war ich mir sicher, dass ich es später bereuen würde, sie nicht angesehen zu haben. Ich machte mir Vorwürfe und fragte mich: „Aber warum bin ich nicht neugierig?" Und ich antwortete mir selbst: „Ich weiß es nicht." Ich spürte ein erbärmliches Verlangen, zu gehen, und ich rannte durch diese Hallen mit einer barbarischen Gleichgültigkeit gegenüber all diesen Schätzen, zwischen denen man einen Monat lang eine ununterbrochene Folge von Entdeckerfreuden haben kann.

— *Mi paghi no!*[15]

Als ich das Museum verließ, hörte ich einen Fremden, der diese Worte brummte, als er gerade hineinwollte. „Oh, meine süße Muttersprache!" sagte ich zu mir selbst und hielt inne, um den Fremden zu betrachten. Er sah aus wie ein Arbeiter und er sprach mit einer Frau, die wie seine Frau aussah. Als er sah, dass ich mich umgedreht hatte, drehte er sich auch um und als er mein Lächeln sah, führte dies zu einer Reihe von Missverständnissen; anstatt zu erkennen, dass ich Landsmann von ihm war, verloren in dem großen Meer von London, und dass seine Worte *Mi paghi no!* mein Herz erfreut hatten, und dass, wenn ich mich getraut, sie beide eingeladen hätte, mit mir zu speisen, was mir das größte Vergnügen bereitet hätte, was ging da in seinem Kopf vor? Der Gedanke, dass ich seiner Frau zugezwinkert hätte? Mein freundlicher Blick wurde erwidert von zwei drohenden Basiliskenaugen[16], und wie er sah, dass ich weiter hinsehe, machte er einen Schritt nach vorn, als wolle er mir gleich einen Faustschlag versetzen. „Undankbarer Lombarde![17]" murmelte ich traurig und ging meines Wegs, „Sie haben mir einen Stich ins Herz versetzt. Aber gehen Sie, aus Liebe zu unserem gemeinsamen Mutterland verzeihe ich Ihnen!"

Vor Einbruch der Dunkelheit wollte ich noch eine Eisenbahnfahrt in luftiger Höhe machen und kaufte mir einen Hin- und Rückfahrtschein für die ganze Stadt. Es ist eine andere Art des Vergnügens, aber nicht weniger lebendig als eine Fahrt unter der Erde. Man fährt zwischen Dächern hindurch in der Höhe von Qualm und Rauch und umherfliegenden Schwalben, durch einen endlosen Wald von Schornsteinfestungen, Masten, Windfahnen, Kaminen, Gauben; man sieht tausend kleine unbekannte Nischen jener formlosen, skurrilen, einsamen Architektur, die sich wie die wilde Vegetation eines riesigen Gartens im obersten Stockwerk der Großstadt tummelt; man entdeckt tausend kleine Rätsel hinter Fenstern, sieht menschliche Verstecke, Häuserkäfige, die zwischen Himmel und Erde zu schweben scheinen und in denen große Familien nisten, die ihre Dachterrassen und Gärten pflegen; unten in den Straßen sieht man die schwarzen Menschenmassen, überquert deren reißende Ströme, aber man hört kaum das von unten heraufschallende Getöse; und überall um einen herum sieht man die Themse, die Masten der Schiffe im Hafen, das Grün der ausgedehnten Parks, die Türme der Fabriken in den Vororten, nur nicht, wo dieses außergewöhnliche Panorama ein Ende findet.

Für das letzte Stück meiner Reise nahm ich einen Omnibus. Ich kletterte auf das Dach des ersten besten, den ich sah, fuhr mit ihm bis zur Endstation und von dort wieder zurück. Unterwegs war ich mehrmals erstaunt über die ungezwungene Vertrautheit, mit der sich Mitreisende auf meiner Schulter abstützten, wenn sie an mir vorbei zu ihren Sitzen gingen, so dass ich für einen Moment das Gewicht der ganzen Person spürte, was mir dann bei deren Weitergehen einen kräftigen Ruck gab, ähnlich einem Turner, der nach dem Sprung über das Seil den Stab wegwirft. Der erste, der mir diesen Dienst erwies, ließ mich sprachlos zurückbleiben. Wie von ungefähr drehte ich mich um und erwartete vom Täter zumindest die Belohnung eines Lächelns, das bedeutete: „Entschuldigung!" Aber weit gefehlt! Er hatte sich schon von mir abgewandt, ohne sich die Mühe zu machen, nach mir zu sehen. Wie ich nun wusste, was hier üblich ist, traf ich meine Vorsichtsmaßnahmen, und jedes Mal, wenn ich einen Passagier sah, der seinen Arm nach mir ausstreckte, streckte ich ihm meine Schulter entgegen, sagte: „Si serva"[18] und hielt mich aufrecht, bis er wieder losließ; so wurde ich etwas weniger zusammengedrückt. Aber auf dieser Fahrt wurde ich dann durch das Vergnügen entschädigt, das ich empfand, indem ich mir einredete, dass man sehr wohl ein angenehmes Gespräch führen kann, ohne das Gegenüber zu verstehen. Ein junger Mann neben mir schien sehr fröhlich zu sein und sprach auf Englisch zu mir. Ich antwortete auf Französisch: „*Je ne comprends pas.*" Er verstand nicht, dass ich es nicht verstand, und er fing an zu lachen. Ich schüttelte den Kopf, nein, nein, er solle sich keine Mühe geben, er verschwende seinen Atem. Vielleicht war es der Zufall, dass dieses „Nein" die Antwort auf eine Frage war, die er mir gestellt hatte, denn er fuhr fort, inbrünstiger denn je. Als er mit solcher Freude weitersprach, tat ich so, als würde ich ihn verstehen, indem ich halb lächelte und endlos nickte, dass ich allem, was er zu mir sagte, nicht widersprechen konnte. Als mir dieser Part langsam langweilig wurde, dachte ich, wenn er mit mir in einer Sprache spricht, die ich nicht verstehe, könnte ich gut mit ihm in einer Sprache sprechen, die er nicht versteht, und ich begann Italienisch mit ihm zu sprechen. Er verstand kein Wort,[19] aber er lachte, klatschte mir auf die Knie und lauschte neugierig, als hätte ich ihm ein Lied vorgesungen; dann sprach er wieder auf Englisch, und so machten wir eine Weile zu unserer beiderseitigen Zufriedenheit weiter, bis der Omnibus anhielt. Wir gingen hinunter, und er gab mir den Fahrplan einer Dampfschifffahrtsgesellschaft, von der er, wie ich vermute, ein Agent war; wir trennten uns und schüttelten uns die Hände wie zwei Menschen, die in allen Fragen des Tages völlig einer Meinung waren.

Am Abend wollte ich keine trüben Gedanken aufkommen lassen[20] und dem entkam ich, indem ich rechtzeitig das Hotel aufsuchte. Hätte ich dort jemanden gehabt, der dafür bezahlt hätte, dass er mir zuhört, hätte ich ihm gerne ein halbes Pfund Sterling gegeben, so sehr hatte ich das Bedürfnis, meinen

Worten Luft zu verschaffen, nachdem ich so viele Dinge gesehen hatte, ohne auch nur ein Wort sagen zu können! Da ich nicht wusste, was ich sonst tun sollte, begann ich, die Vergleiche und Bilder vorzubereiten, die ich zu Hause verwenden würde, um mir ein Bild von der Größe Londons zu machen; und da ich viele Tage lang in den Reiseführern geblättert und bei denen, die ich getroffen hatte, nach Informationen gefragt hatte, hatte ich genug Material.

Wisse daher, sagte ich zu einem Armsessel, der nun für einen engen Freund stand, dass London sechzehn Meilen lang ist und fünfunddreißig Square-Meilen umfasst; dass die umliegenden Dörfer sich nach und nach anschließen werden, dass die Bevölkerung von Florenz der von Greenwich entspricht, die von Rom der von Chelsea und die von Marseille der von Hackney; dass nur mit den Dienern, die in London beschäftigt sind, in Friedenszeiten eine größere Armee aufgebaut werden kann als die italienische Armee; dass mit den Gasflammen, die seine zehntausend Straßen beleuchten, eine Straße entlang des vierten Teils des Erdumfangs erhellt werden kann; und wenn man davon ausgeht, dass man zehn Liter Bier braucht, um einen Deutschen betrunken zu machen, könnte man mit dem Bier, das in einem Jahr in London getrunken wird, die ganze deutsche Armee auf ihrem Kriegspfad zweimal im Jahr betrunken machen; dass wenn man alle Rinder, Schafe und Schweine, die in einem Jahr in London gegessen werden, eins hinter das andere stellt, diese eine durchgehende Linie bilden, die ganz Europa von der Straße von Gibraltar bis zum nördlichen Ende Russlands durchquert; dass die Austern, die in einem Jahr in London gegessen werden, in Paris das gesamte Marsfeld bedecken zusammen mit der Pont d'Iéna und dem Place de Trocadéro; und dass die London Bridge tagtäglich von zwanzigtausend Kutschen passiert wird.

Am nächsten Morgen besuchte ich den Crystal Palace.

9 Crystal Palace (1851)

III.

Der kurze Weg von der Victoria Station zum Crystal Palace bietet so viel Abwechslung wie eine lange Reise. Zuerst fährt man mitten zwischen anderen schnellen Zügen über eine lange Brücke, die groß wie ein Marktplatz über der Themse aufgehängt ist, und auf der sich die Schienen so eng kreuzen, dass sie eine fast durchgehende Oberfläche aus Eisen hat. Man kommt am großen Battersea Park vorbei, dann folgen Bahnhöfe, Tunnel und Fabriken, umgeben von Hunderten von Arbeiterhäusern, die wie kleine Dörfer innerhalb der Stadt entstanden sind: alles Häuser von einer Form und einer Farbe, jedes mit einem eigenen kleinen Garten und überall sind Schwärme von Kindern zu sehen. Dann kommen wieder Parks, riesige Gebäude, Andeutungen von Kleinstädten, die in wenigen Monaten fertig gestellt und besiedelt sein werden, Lagerhäuser, Gärten, Schlösser, Friedhöfe und, soweit das Auge reicht, große Stapel von Baumaterialien, die weitere Stadtteile ankündigen. In den Tunneln, auf den Balken der Vordächer, ja sogar an den Schornsteinen, an den Bäumen, an den Straßenkreuzungen eine ungeheure Ausbreitung von Quacksalber-Plakaten, die sich wie die Schreie von Händlern auf den Märkten gegenseitig übertreffen und dem Ort das fantastische

Aussehen eines Basars verleihen, der sich über die ganze Provinz erstreckt.

Endlich kann man auf der Spitze eines Hügels die gewaltige Masse des Crystal Palace sehen, der der ganzen Grafschaft Kent die filigrane Majestät seiner transparenten Gewölbe darbietet.

Im Inneren ist es ein großer Raum, eine kleine Welt. Im ersten Moment ist man desorientiert. Von einem Innenhof aus geht man in ein Café, von einem Café in einen Basar, von einem Basar in einen Garten, von dem Garten in ein Museum.

10 Crystal Palace (1851)

Inmitten von Zypressen, Lorbeerbäumen, Aloen, Palmen, all den pompösen Pflanzen der tropischen Gegenden, strecken Giraffen ihre Hälse aus und man erblickt die Statuen Michelangelos. Zwischen den Sphingen eines ägyptischen Hofes sieht man ein griechisches Haus mit der Laokoon-Gruppe und der Venus von Milo. Vom griechischen Haus aus betritt man ein römisches Haus; von hier aus blickt man in die geheimnisvollen Räume der Alhambra, und von der Alhambra aus kann man in den Hof eines kleinen Hauses von Pompeji blicken. Man geht hinaus, und zwischen Gruppen kämpfender Löwen und Tiger und zwei Reihen von Adlern und Papageien hindurch gelangt man in einen byzantinischen Hof, von dem aus man durch eine Reihe von Türen den Hof eines mittelalterlichen Hauses, den Saal eines Renaissance-Palastes und die Kapelle einer gotischen Kirche sehen kann. Man geht weiter zwischen Grabdenkmälern, Brunnen, verzierten Türen und all den Meisterwerken der modernen Bildhauerei hindurch und kommt mitten in eine wartende Menschenmenge vor den Türen eines Theaters, in dem der *Troubadour* aufgeführt wird. Etwas weiter sieht man auf der einen Seite unter einer Halbkuppel, die doppelt so groß ist wie die von St. Paul's Cathedral, einen Orchesterraum mit Plätzen für dreitausend Künstler und auf der gegenüberliegenden Seite eine Bühne, auf der ein Professor eine

Mathematikvorlesung gibt. Man geht vorbei an Komödientheatern, Zirkussen, an einem abgedunkelten Raum mit einer *Camera obscura*, man betritt ein Labyrinth von großen Basaren in Form von Tempeln und Pavillons, in denen die prächtigsten Industrieprodukte aller Länder ausgestellt sind, von Kairo bis Birmingham und von Paris bis Peking. Man geht durch die Korridore von Bibliotheken, durch lange Reihen von Konzertflügeln, Kutschen, Möbeln, Blumenvasen, und man verliert sich zwischen den Bäumen und Höhlen eines Waldes, der von Wilden aus Afrika und Ozeanien bevölkert ist, umherstreunend auf der Jagd oder mit ihren Familien um die Feuerstellen versammelt sitzend, hinter Felsen lauernd, ihre Pfeile aufeinander zielend. Man steigt eine Treppe hinauf und hier erstrecken sich Galerien, soweit das Auge reicht, wo man sich kilometerweit inmitten von Ölgemälden, Aquarellen, Fotografien und Büsten berühmter Männer bewegen kann. Und darüber befinden sich weitere Galerien mit unzähligen Gängen, von denen man beim Hinausschauen die schöne Landschaft der Grafschaft Kent erblickt, und wenn man hinunterschaut, all die wunderbaren Ansammlungen von Sälen, Gärten, Höfen, Theatern und Tavernen sieht; Menschen, die umher wandeln und sich vor den Theatern drängen, Menschen, die zwischen den Pflanzen und Statuen verschwinden und wieder auftauchen; die ungeheure

Vielfalt an Formen, Farben und Sehenswertem, ein Kompendium der Welt, über dem sich ein kristallener Himmel kräuselt, das Licht der Sonne, das von allen Seiten hervorbricht und regenbogenfarbene Strahlen und silberne Funken über die Wände und die blauen Gewölbe schleudert.

Auf meinem Rückweg nach London gab es einen Vorfall, der mich bitter bereuen ließ, dass ich kein Englisch konnte. Im Wagen saß ein Herr, der Pfeife rauchte. Ich zündete mir die letzte Virginia-Zigarre aus meinem Vorrat an, die ich mir aus Paris mitgebracht hatte. Ich hatte sie gerade angezündet, als eine Dame hereinkam. Ich tat so, als wolle ich sie fragen, ob der Tabakrauch sie stört; sie antwortete ein paar Worte auf Englisch, was mir nach ihrem Gesichtsausdruck zu bedeuten schien: „Ja, es stört mich." Es grenzte an Selbstkasteiung, dass ich meine Zigarre aus dem Fenster warf. Sie war noch nicht zur Erde gefallen, als der Mann mit der Pfeife meinen Arm packte und mir auf Französisch zu verstehen gab, dass die Dame geantwortet hatte, dass ihr der Rauch tatsächlich gefalle. Ich schaute zum Fenster, auf meine leere Hand, die Dame lachte, und mir war nach Sterben zumute.[21]

Als ich in London ankam, ging ich zur Westminster Abbey, dem Santa Croce[22] von England. Beträte man diese Kirche allein, würde man sich tief verbeugen und den Boden unter den Füßen küssen. Es ist ein Pantheon, ein in Marmor gehauenes Monument für die Unsterblichkeit der Seele.

Sobald man eintritt, erhebt sich der Blick auf die sehr hohen Spitzbögen des Gewölbes und man wendet dann den Blick auf die zahlreichen Statuen, von denen man umgeben ist. Dort drängen sich die großen Männer, stehen einander fast auf den Füßen, sind hintereinander versteckt. Nach den ersten Schritten trifft man auf Pitt, Palmerston, Robert Peel: eine Vorhut, die der Legion würdig ist. In einer Nische steht das Monument von Pasquale Paoli. Die Weihen des höchsten Ruhmes vermischen sich mit denen Geringerer, aber statt jene verblassen zu lassen, strahlen sie ihre Würde auf die Geringeren aus. Es ist ein göttlich demokratisches Pantheon. Die großen Fürsten schlafen neben den großen Dichtern. Neben Shakespeare gibt es einen Pädagogen: Andrew Bell. Neben Newton einen Fahnenträger. Zwischen zwei siegreichen Admirälen findet sich der Schauspieler Garrick, der mit einem Lächeln auf den Lippen zwischen den Vorhängen der Bühne erscheint. Unter einer Schar von Kammerherren, Äbten und Ministern, an denen man gleichgültig vorbeiläuft, begegnet man liebenswerten und glorreichen Bildern, die das Herz höher schlagen lassen, wie bei Freunden, denen man in einem fremden Land begegnet: Gray, Milton, Goldsmith, [James] Thomson, Thackeray, Addison und den zuletzt hinzu gekommenen Charles Dickens, geliebt und betrauert wie den größten unter ihnen. Unter den berühmten Kapitänen, die das Meer und das Land mit Blut besudelten, strahlt der unversehrte und heitere Ruhm der großen Wohltäter: die Apostel der Abschaffung der Sklaverei; Hanway[23], der Philanthrop; Wintringham[24], der Arzt; James Watt, der Erfinder der Dampfmaschine. Neben der schillernden Größe des Genies die strenge Größe intakter Seelen, unbezwingbare Charaktere, geduldige Arbeit und nicht gewürdigte Aufopferung. Aber was für unterschiedliche Gedanken in diesen Kapellen, die mit wunderbaren Epitaphen bedeckt sind, wo man zwischen den Gräbern von Fürsten wandelt, zwischen den Erinnerungen an die Macht und das Unglück von sieben Königen! Wenn das ganze Blut, das vom Dolch oder der Axt aus den Adern der Menschen geflossen ist, die zwischen den Gräbern Heinrichs VII. und Eduard dem Bekenner begraben sind, sich plötzlich im Heiligtum ausbreiten würde, bliebe kein Zentimeter vom Marmorfußboden unbefleckt. Mary Stuart, Lord Stafford, der Ehemann von Anna, Herzogin von Somerset, enthauptet; Thomas Tynne, ermordet; Aymer de Valence, 2nd Earl of Pembroke, ermordet; Thomas of Woodstock, Duke of Gloucester, ermordet; Richard II, ermordet; Edward V.

und sein Bruder, Duke of York, die unglücklichen Söhne von Edward, ermordet; der Herzog von Buckingham, ermordet; Spencer Perceval, Schatzkanzler, ermordet; Nicolas Bagenall, von seiner Amme in der Wiege erstickt. Nachdem ich durch die Kapellen gegangen war, wartete ich einen Moment ab, bis der Wächter wegsah, um mich auf den alten Thron der Könige von Schottland zu setzen; und dann berührte ich mit der Hand den Stein, auf den Jakob seinen Kopf gelegt hatte bei seinem visionären Traum.[25]

Wer in London keinen Regen gesehen hat, hat London nicht gesehen; ich hatte dieses Vergnügen an einem Morgen, als ich mir den Tunnel unter der Themse[26] anschaute. Da verstand ich, wie man bei diesem Wetter der Versuchung erliegen kann, eine Waffe auf sich selbst zu richten. Die Häuser tropfen, als würden sie schwitzen; das Wasser scheint nicht nur vom Himmel zu kommen sondern auch aus den Wänden und der Erde zu sickern; die dunklen Farben der Häuser werden dunkler und nehmen ein schmieriges Aussehen an; die Gassen sehen aus wie Höhleneingänge; alles wirkt fettig, abgenutzt, muffig, unheimlich; das Auge weiß nicht, wohin es sich wenden soll, damit es nicht auf etwas Unangenehmes stößt; man fröstelt, als wenn einen eine Krankheit überfällt, man spürt ein belastendes Gefühl der

Müdigkeit, man empfindet Ekel vor allem, und spürt ein unsägliches Verlangen, wie ein Blitz aus dieser dumpfen Welt zu verschwinden.

Während ich über diese Dinge nachdachte, verschwand ich wirklich aus der Welt, indem ich eine beleuchtete Wendeltreppe hinunterging, die am rechten Ufer der Themse, gegenüber dem Tower of London, in der Erde versinkt. Ich stieg hinab, tiefer hinab, zwischen düsteren Mauern, bis ich vor der runden Öffnung der gigantischen Eisenröhre stand, die wie ein riesiger Darm in den Eingeweiden des Flusses treibt. Das Innere dieser Röhre sieht aus wie ein unterirdischer Korridor, dessen Ende nicht sichtbar ist.

11 Tower Subway

Soweit das Auge reicht, werfen Lampen ein schwaches Licht, das an Grablampen erinnert; es herrscht eine neblige Luft; man geht viele Schritte hinein, ohne jemanden zu treffen; die Wände tropfen wie unter einem Aquädukt; die Bretter unter den Füßen bewegen sich wie auf einem Schiffsdeck; Schritte und Stimmen sind zu hören, bevor die Menschen zu sehen sind, sie erzeugen ein höhlenartiges Geräusch und die Menschen werfen von weitem schon große Schatten; dieser Ort wirkt geheimnisvoll, ohne dass er wirklich erschreckend ist, und man wird von einer vagen Unruhe erfüllt. Ist man in der Mitte angekommen, wo man weder sieht, wo man hineingekommen ist, noch, wo es hinausgeht, herrscht eine Grabesstille, und man weiß nicht, wie weit es noch ist. Man denkt an die dunklen Tiefen des Flusses, in dem die Körper der Selbstmörder treiben, daran, dass man unter Wasser ist und dass einem die Schiffe über den Kopf hinwegfahren; und wenn sich ein Riss in der Wand öffnen würde, hätte man keinen Moment Zeit mehr, seine Seele Gott zu empfehlen und ... oh wie schön das Sonnenlicht doch ist, wenn einem hier solche Gedanken kommen!

Ich glaube, ich war etwas weniger als eine Meile gegangen, als ich am gegenüberliegenden Eingang auf dem linken Ufer der Themse ankam; ich stieg die Treppen hinauf und gelangte vor den Tower of London.

Diese abscheulichen Denkmäler menschlicher Grausamkeit und menschlichen Unglücks haben mich immer mit einer stärkeren Abstoßung als mit Neugierde erfüllt; aber ich erinnerte mich an die Namen derer, die innerhalb dieser Mauern starben, und fühlte mich gezwungen, einzutreten. Sobald ich die erste Eingrenzung passiert hatte, drängten sich mir die schrecklichen Erinnerungen auf. Die Festung, die in fünfeckiger Form erbaut wurde, wird von acht Türmen gekrönt, von denen jeder einzelne an einen berühmten Gefangenen und seinen elenden Tod erinnert. In einem wurden die Söhne Eduards IV. ermordet, in einem anderen Heinrich VI., in einem dritten ertrank der Herzog von Clarence, der Bruder Eduards VI., in einem Fass. Im Bell Tower wurde Königin Elisabeth festgehalten; im Beauchamp Tower verbrachte Anne Boleyn ihre letzten Tage, im Brick Tower Lady Jane Grey. Ein paar Schritte weiter erreicht man den kleinen Platz, wo geheime Folterungen stattfanden und wo neben vielen anderen Opfern auch Lady Jane Grey enthauptet wurde. Nicht weit davon entfernt befindet sich die kleine Kirche, in der Anna Boleyn, Roberto Devereux, Catherine Howard und andere begraben sind, die in den Verliesen vergiftet oder erstochen oder erwürgt wurden. Das Schloss, von außen nackt und düster, ist von innen noch trauriger. Niedrige, ausgetretene schmale Treppenstufen führen in große, verwahrloste Räume, in lange, dunkle Korridore, in finstere Zellen, in jene Gräber lebender Menschen, in den sie sich die Haare ausrissen und ihre Köpfe an die Wände schlugen, so viele unglückliche Menschen, die vor Verzweiflung verrückt geworden sind. Der Verstand wird für eine kleine Weile von diesen düsteren Gedanken abgelenkt beim Anblick der prächtigen Rüstungen der Könige und Prinzen, die in den Hallen im Erdgeschoss versammelt sind; und dann verfällt man in die vorherige Trübnis, wenn man den schrecklichen Kerker sieht, in dem Walter Raleigh, Elisabeths Liebling, zwölf Jahre schmachtete; die Axt und den noch blutbefleckten Block, auf dem die Köpfe Hunderter Gefangener des Towers abgetrennt wurden; die noch intakten Folterinstrumente, mit denen das Fleisch zerfetzt und die Knochen zermalmt wurden, ohne den Menschen dabei zu töten. Schreie, die einer menschlichen Kreatur nur entweichen, wenn das Leben entweicht, entsetzliches Stöhnen, Gesten und flehentliche Worte, die das Herz zerreißen, und übermenschlicher Widerstand von Menschen, die nicht sterben wollen, dies alles kann in Gedanken gehört und gesehen werden, wenn man sich in den Winkeln dieses verfluchten Gebäudes umherbewegt.

12 Tower of London

In einem abgelegenen Raum liegen in einer großen Glasvitrine, die durch ein metallenes Drahtgitter geschützt ist, zuhauf Zepter, Diademe und Armbänder, die wie ein Strahl elektrischen Lichts blenden: dies sind die Diamanten der englischen Krone, die zusammen fünfundsiebzig Millionen Lire wert sind.

Als ich den Tower of London verließ, sah ich zum ersten Mal in einem Pub einen von Gin volltrunkenen Mann. Es hat mich entsetzt. Ich hatte keine Ahnung, dass Trunkenheit einen Mann auf diese Weise verändern kann. In Italien sind unsere weintrunkenen Zecher übermäßig fröhlich oder sie schlafen, und ich bin versucht zu sagen, dass sie vergleichsweise angenehm anzusehen sind gegen jene Männer, deren Gesichter verdreht und verkrampft sind, von tödlicher Blässe bedeckt, mit einem Ausdruck von Krankheit und Wahnsinn, die Augen weit geöffnet, starrend wie die von Leichen. Und selbst in diesem Zustand stürzen sie immer noch diesen schrecklichen Schnaps die Kehle hinunter, stürzen zu Boden wie vom Blitz getroffen und geben ein schreckliches Schauspiel ab, wenn sie ihre Köpfe an Wände und Tische schlagen, bis das Blut von ihren Gesichtern rinnt, während die Herumstehenden die Szene lachend beobachten.

Ein Anblick, der mich in den Straßen und Parks Londons für das schlechte Schauspiel der Betrunkenen entschädigte, waren die Kinder, jene lieben englischen Kinder, die zu Recht den Ruf genießen, die freundlichsten und frischesten der Welt zu sein. Man kann Blondköpfe in allen Schattierungen sehen, vom goldgelb des Sovereigns[27] bis zur aschblonden Farbe der leichtesten Seide oder der dünnen Härchen an einem Maiskolben, Haare, die in langen, glänzenden Wellen fallen, die dazu verleiten, im Vorbeigehen mit einer Schere eine Locke abzuschneiden. Dann Wangen in allen Rosatönen, von den blassen Blütenblättern, die die Blume schmücken, bis zu den Knospen, die den Blütenstempel lieblich umhüllen; purpurne Münder, bei denen man sich wundert, dass die Vögel nicht an ihnen picken; blaue Augen von einer Unschuld, die die um Murillos Madonna herumflatternden Cherubinen[28] beschämen lässt. Der einzige Grund, warum ich nicht mit einem Armvoll dieser Kinder zurückgekommen bin, ist, weil ich nicht wusste, wohin mit ihnen. Aber ich konnte der Versuchung nicht widerstehen, mir eines Tages im Green Park einen dieser Knaben, der dicht an mir vorbeirannte, zu schnappen, und ich küsste ihn so oft auf die Wangen, dass es ihm den Atem raubte, dann gab ich ihn dem Kindermädchen zurück, das herbei geeilt war, um ihn zu retten. Ich machte eine flehentliche Geste, als wollte ich sagen: „Vergeben Sie mir, ich konnte mich nicht mehr beherrschen."

Die Kinder erinnerten mich an den Besuch in Madame Tussauds berühmtem Wachsfigurenkabinett. Ich bereue es nicht, dort gewesen zu sein, obwohl die Erfahrung mehr verstörend als vergnüglich war. Kaum war ich eingetreten, fand ich mich vor der Leiche von Napoleon III. wieder, auf dem Bett liegend, in einer großen Marschalluniform, alles so bewundernswert echt imitiert, dass mir die Annäherung widerstrebte. Während ich ihn betrachtete, sah ich aus dem Augenwinkel einen Mann in schmerzerfüllter Haltung neben mir stehen. Ich drehte mich um, sah ihn an und zuckte entsetzt zurück: Es war Pietri[29], schwarz gekleidet, der wie ein Gespenst zwischen den übrigen

Gestalten stand. Im großen Fürstensaal, in dem Hunderte von Königen, Königinnen, Generälen und ganze Höfe Englands und Spaniens stehen, konnte ich freier atmen. Ich ging um den Thron eines Königs von Aragon herum und stieß auf Adolphe Thiers mit seinen Haarbüscheln auf dem Kopf; dann schlüpfte ich zwischen Kaiser Wilhelm und Prinz Friedrich Karl hindurch und ging vor Julius Favre und Bismarck vorbei, die sich in einer abgelegenen Ecke mit großer Herzlichkeit unterhielten. Ich eilte durch den Saal, in dem die berühmtesten Übeltäter Englands versammelt sind. In diesem Halbdunkel, das einen die Fiktion kaum spüren lässt, haben mich die Gesichter dieser wilden Idioten, ihr hinterhältiger Ausdruck, diese blutbefleckten Kleider entsetzt. Wenn jemand in diesem Moment hinter einem Vorhang einen Schrei getan hätte, hätte ich geglaubt, dass einer dieser Mörder ihm ein Messer ins Herz gestochen hätte.

Eines Tages besuchte ich die berühmte Bank von England, die die Kleinigkeit von neunhundert Angestellten beschäftigt, denen sie jährlich läppische sechs Millionen Pfund an Gehältern zahlt, die in ihren Tresoren die hübsche Summe von vierhundert Millionen Pfund in Gold und Silber hütet, und die in einer gläsernen Vitrine eine Banknote im Wert von fünfundzwanzig Millionen Pfund präsentiert. Ich betrat den großen Saal, in dem die Zahlungen getätigt werden. Hundert Angestellte hinter hundert Bankschaltern verteilen Silber- und Goldmünzen – in Rollen, mit vollen Händen, Schaufelweise – und das Ganze mit der Geschwindigkeit eines Magiers, der einen Trick vorführt; die Gläubiger stopfen es hastig in Taschen und Säcke, eilen wie Diebe davon und werfen misstrauische Blicke um sich. Es lohnt sich, das Aufblitzen, das Schimmern eines Lächelns, das leichte Zusammenziehen von Augenbrauen und Lippen und die tausend ausdrucksstarken, aber unergründlichen Bewegungen der Gesichter beim Anblick dieses Goldes zu beobachten. Man kann sehen, wie das Gold schimmert, glänzt, dahinströmt, klimpert und klingelt, es scheint vor Freude zu lachen, winkt einem zu und macht dabei alle Arten von Koketterie, die es lebendig und boshaft erscheinen lassen. Auch ich verspürte bei diesem Spektakel zum allerersten Mal eine schuldbewusste Unruhe in mir und machte ein Gesicht, bei dem ein Mensch, der mich dort gesehen hatte, geschrien hätte: „Verhaftet ihn!" Im Alter von achtzehn Jahren hatte ich ein solches Gefühl nie verspürt. In dem Alter verschwendet man keinen Gedanken daran, nicht reich zu sein. Die Jugend ist, wie ein großer Dichter[30] sagte, ein geheimnisvolles Warten, und unter den tausend Dingen, die in unbestimmter und ferner Zukunft erwartet werden, gibt es auch das des Reichwerdens. Man lebt in der vagen Hoffnung auf eine Erbschaft von unbekannten Verwandten oder auf ein Bündel von Banknoten, das man eines Abends nach einem Theaterbesuch auf dem Nachttisch vorfindet, dort hinterlassen von einem unbekannten Wohltäter. Aber jedes Jahr, das vergeht, löscht ein Wort dieser phantastischen Versprechungen aus unserer Phantasie, und dann macht der Anblick des Goldes nachdenklich und weckt melancholische Wünsche: nicht um des Müßiggangs willen, sondern um jener lieben Unabhängigkeit willen, die uns die Fron der Arbeit wegnimmt: um zehn Jahre an einem Buch arbeiten zu können, um vier Sprachlehrer im Hause zu haben, um eine Reise nach Afrika zu unternehmen, um der Geliebten ein Diadem mit Rubinen und einen Marmorpalast schenken zu können.

Am selben Tag besuchte ich die renommierte Brauerei von Barclay, die dem Staat jährlich viereinhalb Millionen Lire Steuern zahlt, die Jahr für Jahr dreihunderttausend Hektoliter Gerste verarbeitet. Nachdem ich eine Weile durch die Straßen eines Stadtteils von Southwark gelaufen und auf der Suche nach dem Fabriktor war, fragte ich jemanden und bekam zu meinem Erstaunen die Antwort, dass ich mich bereits in der Brauerei befand, dass ich die ganze Zeit in ihren Mauern herumgewandert war. „Aber dann nennen Sie die Stadt doch ‚Barclay‘,“ sagte ich zu dem Angestellten, der mich begleitete. Er lächelte mit der für die Engländer typischen Gelassenheit, gab mir großzügig minutiöse Erklärungen und ließ mich durch die endlosen Labyrinthe dieser Gebäude wandern, zwischen Seen aus Schaum, titanischen Fässern und tosenden Bierkaskaden. Und als ich endlich um etwas Ruhe für meine Beine bat, führte er mich auf eine hohe Terrasse, wo er mit ausgestrecktem Arm, wie es ein General auf dem Schlachtfeld tut, jenen weiten Kreis von Häusern, Lagerhäusern, Ställen, Scheunen und Höfen andeutete, den die Barclay-Brauerei umfasst: „Sehen Sie,“ sagte er, „dies ist größte Brauerei der Welt!“

Noch am selben Abend ging ich zurück, kam wieder an der Bank of England vorbei, sah die Londoner Börse und blieb eine Weile in diesen Straßen, die von dem großen Handelstreiben förmlich vibrieren. Nachdem ich genug von all dem Spektakel hatte, kehrte ich aufgeregt ins Hotel zurück und verspürte einen ungewohnten Drang, mich selber ins Geschäft zu stürzen und Reichtümer anzuhäufen. „Genug vom Schriftstellerleben!“ sagte ich zu mir, „Tatendrang ist angesagt. Warum verbringst du dein Leben damit, mit Worten hausieren zu gehen? All das ist nur leeres Gerede. Hart arbeiten, das ist das Gebot der Stunde.

Dem Himmel sei Dank, komme ich noch rechtzeitig, es ist noch nicht zu spät dafür. Es gibt andere, die später als ich angefangen haben und trotzdem ein Vermögen gemacht haben. Wenn ich wieder in Italien bin, werde ich mich umsehen und etwas auf die Beine stellen. Und wenn meine Freunde lachen und mich verspotten? Dann werde ich lachen, wenn ich eine Villa in Fiesole bauen lasse. Welchen Geschäften könnte ich nachgehen? Man muss klein anfangen. Weine, Spirituosen ... nein, keine Baumwolle ...“ In dem Moment sah ich jemanden, der mit einem Finger auf mich zeigte und mit neckender Stimme fragte: „Du?“ – Da habe ich gelacht und die Gedanken an meine Handelsgeschäfte aufgegeben.

IV.

Um Londons Museen angemessen sehen zu können, muss man reich sein: das heißt, man muss in der Lage sein, ein Jahr lang bequem in der Großstadt seine Zelte aufzuschlagen. Wenn nicht, dann sind Museumsbesuche nichts anderes als Gewaltmärsche.

Es scheint mir, als würde ich immer noch durch die endlosen Hallen des Museums von South Kensington rennen, immer in der Hoffnung, dass es der letzte Raum sein wird, wenn ich einen neuen betrete, um immer wieder zu meiner Ernüchterung festzustellen, dass sich dahinter Türen zu weiteren Abteilungen öffnen. Es ist schon viel, wenn ich mich an die berühmten Skizzen von Raffael erinnere, oder an einen wunderbaren Hamlet von Thomas Lawrence, der mich in einem Korridor innehalten ließ und der mir ein unlösbares Geheimnis bleibt, um nicht die gewaltige Aufzählung fortzusetzen. Das kleine Gemäldemuseum am Trafalgar Square bietet diese Unannehmlichkeiten nicht. Ich habe immer noch das Bild vor Augen von Hogarths unsterblicher Geschichte des Hochzeitspaars. Für das Gemälde[31] waren ihm zweitausend Lire gezahlt worden und für mehr als das Zwanzigfache wurde es fünfzig Jahre später wieder verkauft; dann die gewaltigen

Lichtorgien von Turner; die Gemälde Raffaels, die ich fünfundzwanzig Jahre schon hatte sehen wollen; die Bilder der vier Lieblingsmaler Englands: Correggio, Poussin, Murillo, Claude Lorrain. Aber dann folgte wieder ein Gewaltmarsch zum India Museum, ins Soane Museum, ins Maritime Museum, ins Royal College of Surgeons, wo man das Skelett von Carolina Crachami[32] sehen kann, dem berühmten sizilianischen Zwerg; sie war so klein, dass man sie in einem Zylinderhut hätte begraben können; und [Charles] Byrne, der irische Riese, der, wenn er durch die Straßen lief, den im ersten Stock aus den Fenstern lehnenden Leuten die Pfeife anzünden konnte.

Aber den nachhaltigsten Eindruck hat bei mir das House of Commons hinterlassen. Ich betrat, ohne es zu wissen, den Raum – zu der Zeit war er leer –, ich schaute und schaute, und es kam mir nicht einmal in den Sinn, dass dies der Plenarsaal war. Ein Raum, scheinbar klein, mit einer Pracht voller aristokratischer Anmut dekoriert, wie ein Domchor für würdige Kanoniker oder ein Platz, der sich wunderbar für eine Versammlung von blondhaarigen Gräfinnen in weißen Gewändern eignen würde. Als ich hörte, dass es sich um das House of Commons handelte, – jenes Haus, in dem die einfache und gelassene Eloquenz der größten Redner der Welt zu hören ist, deren Beredsamkeit dann, durch pompöse Sätze und pedantische Zitate verstümmelt, in den europäischen Parlamenten nachhallt – machte ich eine respektvolle Geste und bat um die Erlaubnis, das *Ceremonial mace*[33] mit den Fingerspitzen berühren zu dürfen, in der Hoffnung, dass es mich mit der uneuropäischen Tugend besonnener Diskussion durchdringen würde.

Von anstrengenden Besuchen in Museen und Palästen pflegte ich mich in den Parks auszuruhen, – in diesen großen Oasen der bevölkerungsreichen Londoner Steinwüste, wo sich die Seele daran erfreut, dass die Welt nicht nur aus Häusern und Eisenbahnen besteht; wo Hunderte schöner Frauen auf schönen Pferden durch Alleen reiten, deren Ende man nicht erkennen kann, und Tausende von Kindern, die über riesige Wiesen und um große Seen rennen, die von unzähligen Spielzeugsegelbooten durchquert werden, lassen einen mit Freude daran denken, dass das Leben nicht nur aus all dem Verkehr und der Arbeit besteht; das üppige Grün, die Heiterkeit der Gesichter und die Melodien italienischer Musik erfüllen mich mit einem Gefühl zärtlicher Sehnsucht und wecken das Bild der lieben Heimat in mir, die ich in kurzer Zeit wieder sehen werde. Oh Hyde Park, Regents Park, Victory Park, St. James Park, die Parks von Greenwich, Southwark Park, Battersea Park, Holland Park, – das sind tröstliche Wohltaten in meiner Melancholie, – ich danke ihnen und grüße sie! Und ich denke mit Dankbarkeit auch an Windsor Castle Hill, die Wälder von Eton, die Promenaden von Richmond und die Gärten von Kew und all die angenehme Umgebung von London zurück, wohin ich mich vor der tödlichen Langeweile der Sonntage gerettet habe. Ach! Wer London nicht an einem Sonntag gesehen hat, weiß nicht, was Langeweile ist. Die verschlossenen Türen, die vergitterten Fenster, die verlassenen Straßen, die stillen Plätze; die intimen, verlassenen Viertel, in denen man verhungern könnte, ohne gerettet oder gesehen zu werden; das Elend einer unbewohnten Stadt; eine endlose Langeweile hängt über allem; es scheint, dass selbst die Statuen schläfrig und die Häuser gelangweilt sind, und der Mund öffnet sich zu einem so weiten, langen, heftigen Gähnen, dass man sofort im Gesicht nachfühlt, ob man sich den Kiefer ausgerenkt hat.

London erschien mir jeden Tag größer und größer. Egal, wie weit ich in eine Richtung ging, ich konnte nie das Ende der Stadt sehen, nicht einmal eine Lichtung zwischen den Häusern, die es ankündigte. In manchen Gegenden entdeckte ich beim zweiten Besuch Stadtteile so groß wie Florenz, die mir beim ersten Mal entgangen waren. Jeden Tag, sogar in den Vierteln vom West End, in denen ich mich am meisten aufhielt, erschienen fast wie von Zauberhand riesige neue Straßenzüge, die noch nicht auf der Karte zu finden waren.

13 A Street Sprinkler

Ich könnte morgens aufbrechen und durch Stadtteile streifen, die ich am Tag zuvor besucht hatte, ohne sie jedoch wiederzuerkennen; ich könnte in einem Park ankommen, um Atem und Mut zu schöpfen; und dann könnte ich wieder aufbrechen in das endlose Labyrinth der Straßen, mal zu Fuß, mal mit einem Omnibus, mal in einem *hansom cab*, und dabei hinter jeder Straßenecke einen Ausruf des Erstaunens machen, wie wenn man auf der Spitze eines Berges ankommt und plötzlich ein neues Land entdeckt. In meinem Kopf habe ich immer noch tausend verwirrende Bilder von

Kreuzungen voller Menschen, von großen einsamen Plätzen und in Nebel gehüllte Ferne – welcher Teil Londons das war und wann ich das gesehen habe, das weiß ich nicht mehr – und die Bilder vermischen sich mit Visionen von imaginären Städten, die in unseren Träumen auftauchen.

Die Erhabenheit und der Reichtum Londons haben bei mir sehr unterschiedliche Eindrücke hinterlassen. Manchmal fühlte ich mich in meiner italienischen Selbstachtung bedroht; ich dachte verächtlich an die kleinlichen Prahlereien, die wir uns in unserer Heimat erlauben und bei denen wir uns nur mit uns selbst vergleichen; ich beschloss, nach meiner Rückkehr solchen Angebereien nur noch mit Sarkasmus zu begegnen. Ich wünschte, ich wäre als Engländer geboren worden, um das Recht zu haben, von oben auf die Südländer herabzusehen. Zu anderen Zeiten jedoch ließ mich das Spektakel der Überlegenheit Englands eine lebhaftere Zuneigung zu meinem eigenen Land spüren, gepaart mit sanftem Mitleid. Muss ein Sohn, so dachte ich, seine Mutter weniger lieben, weil sie arm und krank ist? Oft erschien mir die Größe Englands nicht einmal beneidenswert. Eitelkeit, sagte ich: Eitelkeit. Wie Leopardis Hirte[34] wunderte ich mich angesichts dieser großen Aktivitäten über den Zweck dieses ungeheuren Aufruhrs von Menschen und

Dingen. Sind sie glücklicher als wir? Sie haben Reichtum! Nun, dafür haben wir Italiener nicht den Nebel, und ein armer Teufel in der Sonne genießt das Leben vielleicht mehr als ein reicher Mann in der Dunkelheit. Und ist es nicht so, dass es hier auch leidendes Elend und endlose Trauer gibt? – Und selbst dieses arme Italien gab mir manchmal Selbstzufriedenheit. Mitunter, wenn in einem Omnibus ein anderer Passagier bemerkte, dass ich Italiener bin, sah er mich mit einem wohlwollenden und neugierigen Blick an, als ob er in meinem Gesicht etwas suchen wollte, das diesem vagen Bild von schönen Dingen und glücklichem Leben entspricht, das jeder Ausländer mit dem Namen Italien verbindet, und da wurde ich erfüllt von Wohlgefallen und sah im Spiegelbild des Kutschenfensters, dass meine Augen glänzten und meine Wangen rosa geworden waren.

Es ist wahr, dass eine Reise zugleich eine Lektion in Bescheidenheit ist! Einer Person, die reist, erscheinen das Wissen und die Ideen seiner gewohnheitsmäßigen Umgebung plötzlich gering, auch wenn er das in seiner Heimat, unter seinen Freunden und in seinen Büchern für so groß erachtete. Auf Reisen kann man erfahren, dass mindestens die Hälfte dessen, was für uns „Bildung" ausmacht, die wir in so vielen Jahren des Studiums und der Beobachtung zusammengetragen haben, fast keinen Wert in dem fremden Land hat, in dem wir uns dann befinden! Mit eigenen Sinnen kann man erfahren, dass wir zu Hause, wo wir glaubten, das Buch der Welt zu lesen, in Wirklichkeit nur eine Seite davon gelesen haben; dass tausend Dinge, die uns großartig und wichtig und so die halbe Welt zu füllen schienen, nicht einen Pfifferling wert sind gegen einen Schritt vor unsere Tür. Jeder Schritt, den wir in einem fremden Land unternehmen, öffnet vor unseren Augen einen Spalt, durch den wir in die Tiefen unserer Unwissenheit hinabblicken, und von unten kommt uns ein lachendes Mitgefühl entgegen. Aber es gibt auch Momente, in denen die Bewegung der Ideen so schnell wird, dass wir sehen, raten und blitzschnell viele Dinge verstehen, die uns vorher unbekannt oder unklar waren. Wir wären außergewöhnliche Menschen, wenn diese fieberhafte Aktivität des Geistes ununterbrochen anhalten könnte. Was für großartige Entwürfe werden dann gemacht, die bei der ersten Kurve der Straße verblassen, sich in ein Nichts auflösen!

Was mich in London, nach seiner Größe und seinem Reichtum, am meisten erstaunt hat, ist die Planmäßigkeit dieser riesigen Stadt. Sie ist geordnet wie ein holländisches Dorf. Die Funktionen seines immensen Lebens laufen wie nach einem Uhrwerk. Einem Ausländer, der gerade zwei Wörter Französisch versteht, gelingt es, mit jeder Schwierigkeit fertig zu werden, ohne auch nur eine Minute Zeit zu verlieren. Die Wände an den Straßen und in den Omnibussen sind mit endlosen Hinweistafeln bedeckt und leiten ihn ständig auf Schritt und Tritt; jemand legt ihm ein bedrucktes Blatt in die Hand, das ihm Ratschläge oder nützliche Hinweise gibt. Wo immer er sich in London verirrt, braucht er nur in die Richtung des ersten Zuges zu gehen, den er über die Dächer fahren sieht, der Zug bringt ihn zu einem Bahnhof; die Wände des Bahnhofs zeigen ihm den Weg nach Hause. Eines Tages stieg ich in eine Postkutsche, ohne zu wissen, wohin sie fuhr; ich wurde einige Meilen aus London hinausgefahren; ich stieg allein in einem Landgasthaus aus. Keiner der Leute, die dort waren, verstand ein Wort Französisch; ich wusste nicht einmal, wo ich war und wann die Postkutsche zurückfahren würde. Das hatte mich ein wenig verunsichert. Ich wanderte durch ein Dorf, alles glänzende Häuschen und gepflegte kleine Gärten, wo ich nur ein paar aristokratische Jugendliche zu Pferde traf, und ich sah lediglich den Kopf einer blonden Dame hinter den Fensterscheiben; es herrschte Stille wie auf einem Friedhof. Was war zu tun? Wohin sollte ich gehen? Plötzlich hörte ich das Schnaufen einer Lokomotive, das wie die Stimme eines Freundes in mein Herz drang; ich rannte hinüber, und nach einer Viertelstunde war ich zurück in London.

Die Abende in London sind für einen Ausländer sehr traurig und sie fördern die Melancholie.[35] Gewöhnt an die fantastische Pracht der Pariser Boulevards und an die vielen festlichen Menschen, die sie bevölkern, erschienen mir die Straßen Londons dunkel und melancholisch. Ich vermisste die überfüllten Cafés, die prächtigen Geschäfte und sogar die Magic-Lantern-Revuen auf dem Boulevard Montmartre; ich vergaß sogar meine Empörung über die überall verbreitete schamlose offene Prostitution. Aber wie fremd sind diese Entmutigungen, diese tiefen Gefühle der Traurigkeit, die uns am Abend in einer Stadt überfallen, die wir nicht kennen! Eine Traurigkeit im Gesicht, die mitunter sogar das Mitleid vorbeigehender Menschen weckt. Aber warum? – Man fragt sich: Es geht mir gut, es fehlt mir nicht an Geld, ich habe gute Nachrichten von zu Hause, ich bin frei, morgen früh werde ich mich amüsieren, in zehn Tagen werde ich mich wieder in meinem Heimatland einfinden; aber warum dann diese selbstmörderische Qual? – Wer weiß! Auch ich, wie der Aussätzige in De Maistres Erzählung[36], fühlte bitteren Neid und wendete mein Gesicht ab, als ich ein Ehepaar mit seinen Kindern, mit Kindermädchen und Kinderwagen vorbeigehen sah, alle glücklich und lachend.

In London ist es aufgrund von Empfehlungsschreiben möglich, die Erlaubnis zu erhalten, die Nachtpatrouille der Polizei in jene schmutzigen Viertel zu begleiten, in denen es von Übeltätern und Bettlern wimmelt, um dort in die Verstecke einzudringen, in denen sich die Elenden aufhalten, wo sie für kaum einen Penny die Nacht verbringen. Ich bin nur tagsüber durch diese Viertel gegangen, mitten durch die Opiumhöhlen, wo sie sich mit Rauschmittel betäuben, wo man obszöne Tänze für einen Penny sehen kann, wohin der Boxamateur geht, um die gewaltigen Fäuste zu sehen, die die Augen zerquetschen und die Zähne einschlagen; wo Frauen mit eingeschlagenen Schädeln gefunden werden, zugerichtet von ihren betrunkenen Ehemännern; wo die erschöpfte Hure den blutbefleckten Dieb empfängt; wo die Prostitution mit der Kindheit beginnt und im Alter fortgesetzt wird; wo Grausamkeit, Lüsternheit und Elend in der Dunkelheit lauern wie faule Ungeheuer, die ihre Opfer in die Themse, in die Krankenhäuser und an den Galgen schicken; wo die Fäulnis der großen Stadt gärt und wo Charles Dickens mit seinem Diener Bier trinken ging.

Der schönste Morgen, den ich in London verbracht habe, war der letzte, gekrönt durch das teuerste und unterhaltsamste kosmopolitische Frühstück, das ich je hatte. Ich war auf das Monument von Wren[37] geklettert,

– jenen berühmten Turm, der uns an den großen Londoner Stadtbrand von 1666 und die vierhundertsechzig Straßen und vierzehntausend Häusern erinnert – von dessen Spitze aus man mit einem Blick den großen Verkehr rund um die London Bridge sieht und das Straßennetz südlich der Themse.

Ich traf dort oben fünf nette junge Männer, die fröhlich plauderten und (bis auf einen) die französische Sprache mit der Leichtigkeit von Barbiergehilfen durcheinander brachten; nach ein paar Worten erfuhr ich mit großer Freude, dass einer aus Köln, einer aus Manchester, einer aus Haarlem, einer aus Guadalajara und der fünfte aus Lyon war; so dass die Gruppe, mich eingeschlossen, sechs Staaten vertrat: Deutschland, England, Frankreich, Italien, Spanien und Holland, – drei lateinische und drei nordische Völker, vier gesunde Monarchien und zwei kranke Republiken. Wir lachten über das merkwürdige Treffen, da der Deutsche und der Niederländer zufällig ein paar Minuten zuvor ebenfalls dort erschienen waren; die anderen drei hatten sich am Tag zuvor auf ähnliche Weise zusammengefunden. Bis auf den Spanier und meine Wenigkeit waren die anderen Biertrinker; der Tisch war bald mit leeren Gläsern bedeckt und die Unterhaltung wurde sehr lebhaft.

14 The Monument

Der Schaum des Bieres hatte den politischen Hass und jegliche Feindseligkeit übertönt und in allen sechs von ihnen wurde ein Gefühl universeller Liebe geweckt, das in lautstarken Toasts auf den Wohlstand und Ruhm aller Nationen ausbrach, *quoique indigment*[38], wie es der Mensch aus Lyon auf dieser fröhlichen Konferenz kommentierte, die *servir d'exemple aux gouverne-ments*[39] hätte dienen sollen. Bevor die achte Flasche ankam, war das Elsass zurückgegeben, jeder Schatten der Angst vor dem Krieg wegen der Frage um Rom zerstreut, alle Carlisten an der französischen Grenze in Handschellen abgeführt, Luxemburgs Unabhängigkeit gegen die Ansprüche von Deutschland für alle Zeiten abgesichert. Dann begannen sie auf der Bühne – auf dem Tisch – zu tanzen: Gutenberg, Coster, Michelangelo, Mendoza, Newton, Wilhelm von Oranien, Victor Hugo – auf die ein Regen passender Adjektive niederging, zum Dessert verstärkt durch in die Kehlen fließender Wein: göttlich, unermesslich, erhaben, übermenschlich. Dann, als man immer vertrauter wurde, sprach jeder über sein eigenes Geschäft: „Ich bin Ladenbesitzer" – „Ich bin Journalist" – „Ich bin Künstler" – „Ich habe mit ... zu tun" – und man fragte den anderen nach seinem Alter und erzählte sich gegenseitig etwas: „Sie sind ein netter deutscher Kerl" und „Sie sind ein netter italienischer Kerl" und so radebrechte man in allen Sprachen, und hin und wieder ertönte eine Stimme: „Aber wir haben nichts mehr zu trinken!" Und dann wurden große Projekte und Pläne geschmiedet, für das kommende Jahr in Paris, Amsterdam und Konstantinopel, in jener Straße, an dem und dem Tag, zu der und der Stunde; und „Denken Sie daran, dass ich da sein werde." – „Schreiben Sie mir." „Haben Sie auf sich Acht." – und dann ein allerletztes Anstoßen von klirrenden Gläsern zum allgemeinen Ruf: „Lang lebe die Zivilisation!"

Um die Mittagszeit bestieg ich in der Nähe des Tower of London ein Dampfschiff, das mich nach Antwerpen bringen sollte.

Die ungeheure Größe Londons kann nur in ihrer Gesamtheit erfasst werden, wenn man die Themse rauf und runter fährt. London Bridge und die City schrumpfen, verschwinden, im Vergleich mit dem Hafen; die ganze Stadt London scheint dann zu schrumpfen.

Als das Schiff ablegte, schien die Sonne und die Luft war klar. Wir fuhren in der Mitte zweier Reihen großer Schiffe, passierten in wenigen Minuten das St. Katharine Dock, das den einst von zwölftausend Einwohnern bewohnten Raum umschließt und nun als Hafen für Schiffe aus Deutschland, den Niederlanden, Frankreich und Schottland dient. Zurück blieben die London Docks, wo in den Hafenbassins dreihundert Überseeschiffe liegen und in den Lagerhäusern zweihunderttausend Tonnen Waren lagern und dreitausend Arbeiter aus allen Ländern der Welt beschäftigt sind; zügig fuhren wir weiter, neben uns Schiffe, Schlepper, Kähne, Schiffe in allen Formen und Gestalten, die auf dem breiten Fluss kommen und gehen. Nach einiger Zeit erscheint dieses Spektakel nicht mehr so außergewöhnlich. Riesige Stapel und endlose Reihen von Säcken, Fässern, Kisten und Ballen bedecken die Ufer,

Stege, Brücken und Straßeneinfahrten; sehr lange Begrenzungsmauern, endlose schwarze Häuser und all der Rauch von Fabriken, sich bewegende Maschinen, Kräne und Winden, jede Menge von Arbeitern und Matrosen; die vielfältigsten Bewegungen, die man in allen großen Häfen sehen kann; und wenn man die große Schleife der Themse erreicht hat, ist man geneigt zu sagen, dass man noch nie zuvor eine so lange Strecke inmitten anderer Schiffe zurückgelegt hat, aber sobald man sich umdreht und wieder vorausschaut, sieht man immer noch Masten und Segel soweit das Auge reicht, und man ist total erstaunt. Und dann ist es noch etwas ganz anderes, wenn man erkennt, dass es jenseits dieser Masten und Segel, jenseits der sehr hohen Mauern, die sich entlang der beiden Ufer erstrecken, weitere Wälder von Masten gibt, dicht, tief, ein Labyrinth von Schiffen; zur Linken die West India Docks, die eine Fläche von hundert Hektar bedecken; rechts die fünf großen Commercial und Surrey Docks, die sich mehrere Meilen ins Land erstrecken. Man segelt nicht mehr zwischen zwei Reihen von Schiffen, sondern zwischen zwei Reihen von Häfen; und der Blick kann nicht das ganze Spektakel erfassen. Jenseits der Handelsdocks fährt man ein paar Meilen in der Mitte kleinerer Docks, aber immer zwischen Wäldern von Schiffsmasten, schwarzen Mauern von Lager-häusern, die so groß wie Städte sind, und Stapeln von

Waren. Man kommt an dem herrlichen Krankenhaus von Greenwich vorbei und fährt um die Isle of Dogs herum. Seit zwei Stunden bereits wird navigiert, die Schiffe werden weniger, und obwohl die Lagerhäuser, die Fabriken, die Häuser ohne Unterbrechung an beiden Ufern aufeinander folgen, scheint der Hafen zu Ende zu sein. Man atmet auf, man braucht etwas Ruhe, man war es leid, sich zu wundern. Also fährt man noch eine Stunde weiter und denkt bereits an London als eine weit entfernte Stadt zurück und an die Geschäftigkeit und den Lärm, an den Hafen, so, als sei es gestern gewesen. Aber nach einer Flussbiegung erscheinen neue sehr lange Reihen von Schiffen, neue ferne Wälder von Masten und Riggs, neue riesige Docks, ein weiterer Hafen, ein weiteres großes Schauspiel. Bald wechselt die Bewunderung in Erstaunen und es erscheint einem wie ein Traum. Man würde sagen, man ist dabei, ein anderes London zu betreten. Man passiert die East India Docks, die Arsenale von Woolwich, die Victoriadocks, die sich über drei Meilen am linken Ufer erstrecken, immer inmitten endloser Mauern, zahlloser Schiffe, Waren, Maschinen, Rauchwolken, Pfiffe, Ankünfte und Abfahrten, Flaggen aller Völker der Erde, Gesichter in allen Farben, Worte unbekannter Zungen, die aus den nahen Wäldern ans Ohr dringen, seltsamer Trachten, wilder Schreie, die Gedanken an entfernte Ozeane und fremde Küsten aufblitzen lassen.

Und es ist schon drei Stunden her, seit wir uns in dieser Szenerie befinden! Auch wenn das Gefühl der Bewunderung ermüdet ist, muss man wieder anfangen, alles zu bewundern. Man fühlt nicht mehr das Gefühl der Erniedrigung, das man von Anfang an empfunden hat, wenn man dieses Land mit dem eigenen vergleicht; man vergleicht nicht mehr; man fühlt sich kosmopolitisch; man fühlt, dass man Kosmopolit wird; nationaler Stolz ist ausgelöscht, ist ersetzt durch das Gefühl menschlichen Stolzes; man sieht nicht mehr den Hafen von London, sondern den Hafen aller Länder, das Zentrum des Handels der Erde, den Treffpunkt der Völker jeglicher Rasse und jeder Zone; und während die Augen auf das Spektakel blicken, durchquert man in Gedanken die Kontinente und stellt sich die immensen Routen vor, die auf der Erde von den unzähligen Schiffen durchfahren werden, Schiffe, die einander begegnen und grüßen; die endlosen Mühen und Gefahren, die ewige Reise über die Länder und Meere, die ewige Arbeit der Menschheit, die unermüdlich ist, und man scheint zum ersten Mal die Gesetze des Lebens, der Welt, zu verstehen. Und in der Zwischenzeit fährt das Dampfschiff weiter, die Themse weitet sich, die Wälder der Schiffe erscheinen nicht mehr als riesiges Schilf am Horizont, das von der fallenden Sonne leicht vergoldet ist; aber immer noch folgen Docks auf Docks, Hafenbecken auf Hafenbecken, Lagerhäuser auf Lagerhäuser, Arsenale auf Arsenale; London, das große London ist immer da; London folgt uns nach vier Stunden Navigation immer noch, rechts, links, nach vorne, soweit das Auge reicht, man sieht mit einer Mischung aus Zweifel und Furcht fast immer noch die monströse Stadt, die nie aufhört zu arbeiten und zu wachsen.

Abbildungen:

Die Bilder im Text sind – bis auf Nr. 1, 4, und 9-11 – der Buchausgabe von 1882 entnommen.

Abb. Nr. 9 und 10 zeigen den 1851 zur Weltausstellung erbauten Crystal Palace in seiner ursprünglichen Form an seinem ursprünglichen Platz im Hyde Park. Der Crystal Palace wurde in den Londoner Süden versetzt und in vergrößerter Form 1854 erneut eröffnet.

Das Titelbild zeigt ein *hansom cab* in London im Jahr 1877 (und nicht den Autor!).

Alle Abbildungen sind gemeinfrei.

[1] Cacio und Prosciutto: Käse und Schinken.

[2] *Languore*: Wehmut, Melancholie; ein Bezug auf Paul Verlaines *langueur* in dessen Gedicht *Chanson d'automne*?

[3] Renato Fucini (1843-1921), italienischer Schriftsteller.

[4] „Aber Sie sind nicht krank, mein lieber Herr: Sie schmachten nach der Liebe zu dieser reizenden Dame."

[5] Aus dem dritten Buch von Victor Hugos *L'homme qui rit.* (1869). Gymplaine [auch: Gwynplaine] ist verunstaltet.

[6] *mare magnum*: ein großes Meer.

[7] *hansom cab*: nach dem Erfinder Joseph A. Hansom (1803-1882), eine zweisitzige, einachsige, nach vorne offene Pferdekutsche, bei der der Kutscher erhöht hinter dem Verdeck saß; „cab" für Cabriolet.

[8] Lorenzo Ghiberti (um 1378–1455), italienischer Bildhauer, schuf u.a. die Paradiestür am Baptisterium in Florenz.

[9] David Garrick (1717-1779), berühmter Schauspieler.

[10] Richtig hier: St. Thomas.

[11] Peristyl: ein rechteckiger Hof, der auf allen Seiten von Kolonnaden umgeben ist.

[12] Karyatide: weibliche Statue mit langem Gewand, die anstelle einer Säule das Gebälk eines Bauwerks trägt.

[13] Ricaschi: Als Fachbegriff nicht nachweisbar. Vermutlich (Frucht-)Gehänge, Girlanden; ein schmückendes Bauteil.

[14] *Paradise Lost*: ein episches Gedicht in Blankversen des englischen Dichters John Milton (1608-1674).

[15] *Mi paghi no!*: „Ich bezahle nicht!"

[16] Basilisken sind mythische Tiere, deren Blicke versteinern oder töten.

[17] „Ingrato Lombardo!": De Amicis ist verärgert über seinen lombardischen Landsmann.

[18] „Si serva": „Bitte sehr!"

[19] „Era buio pesto" („eine dicke Finsternis"),
[2. Mose 10:21]; wohl hier im übertragenen Sinn auf den
Zuhörer gemünzt, der kein italienisch versteht.

[20] „La sera non ebbi il coraggio di sfidare lo *spleen*" („Am
Abend hatte ich nicht den Mut, die Milz herauszufordern"). –
Ein Idiom für die *Melancholie*. In der Antike galt die Milz
als Sitz der Heiterkeit, die Melancholie als Folge einer
Fehlfunktion der Milz. Das englische Wort für die Milz
heißt: s*pleen*.

[21] „e venni men così com'io morisse" („dass ich vor Mitleid
hinschwand wie vernichtet"). Dante, *Inferno*, V, 141.

[22] Santa Croce wird auch als „Pantheon von Florenz"
bezeichnet. Hier befinden sich die Grabmäler von
Machiavelli, Michelangelo, Galileo Galilei sowie
Gedenkstätten für viele andere berühmte Italiener.

[23] Jonas Hanway (1712-1786), englischer Philanthrop. –
[Personen mit einem Eintrag in der deutschen Wikipedia
werden in diesen Anmerkungen nicht gesondert erwähnt].

[24] Sir Clifton Wintringham (1710-1794).

[25] Der *Stone of Scone* ist u.a. auch als *Coronation Stone*
bekannt und spielte im schottischen und heute im britischen
Krönungsritual eine Rolle. Nach christlicher Legende soll der
Kopf des biblischen Stammvaters Jakob auf diesem Stein
geruht haben, als er die Vision der Himmelsleiter hatte
(Genesis 28,10-22).

[26] Der *Tower Subway* ist ein 1869/70 erbauter, 411,48 Meter
langer Tunnel. Die Metallröhre hat einen Durchmesser von
2,13 Metern und befindet sich über 6,70 Meter tief unter dem
Flussbett.

[27] Der Sovereign ist eine englische Goldmünze mit einem
Nennwert von einem Pfund Sterling.

[28] Bartolomé Esteban Murillo (1618-1682): „Unbefleckte Empfängnis" (sogen. *Inmaculada de Soult*), 1678.

[29] Möglicherweise Pierre-Marie Pietri, französischer Politiker (1809-1864).

[30] Aus dem dritten Buch von Victor Hugos *L'homme qui rit*.

[31] William Hogarth (1697-1764), *Marriage A-la-Mode*.

[32] Carolina Crachami (1815-1824), der „Sizilianische Zwerg", hatte bei ihrem Tod eine Körpergröße von ~50 cm.

[33] *Ceremonial mace*. Ein Zeremonienstab, ein Zepter, dieses hier im House of Commons.

[34] Leopardis Hirten: Giacomo Leopardi (1798-1837), italienischer Dichter. „Nachtgesang eines in Asien umherziehenden Hirten," XXIII.

[35] „Ebbi degli spleen feroci"; s. Anm. 20.

[36] Xavier de Maistre (1763-1852), französischer Schriftsteller. *Le Lépreux de la Cité d'Aoste*, 1811 („Der Aussätzige von Aosta").

[37] Turm von Wren: „The Monument to the Great Fire of London" im Jahr 1666 wurde zwischen 1671 und 1677 errichtet. Die 62 Meter hohe dorische Säule ist von einer Aussichtsplattform und einer vergoldeten Urne gekrönt. Das Bauwerk wurde von Robert Hooke (1635-1703) und Christopher Wren (1632-1723) entworfen. Wren ist berühmt als „Baumeister von London".

[38] *quoique indigment*: „was eine eigentümliche Entrüstung auslöste."

[39] *servir d'exemple aux gouvernements*: „den Regierungen ein Beispiel geben."

NACHWORT

Von De Amicis' Reisebüchern liegen auf Deutsch vor: *Spanien*. Stuttgart: Metzler 1880. – *Konstantinopel*. Aus dem Italienischen übersetzt von Agnes Burchard. 2 Bde., Rostock: Wilh. Werther's Verlag 1882, 1884; auch als Reprint: Saarbrücken: Fines Mundi 2011 – *Marokko*. Nach dem Italienischen frei bearbeitet von Amand von Schweiger-Lerchenfeld. Wien, Pest, Leipzig: A. Hartleben's Verlag 1883. – *Istanbul* (2014), *Marokko* (2015), *Auf dem Meer* (2015), *Holland* (2016) und *Paris* (2017) sind, z.T. in Auszügen, in neuen Übersetzungen von Annette Kopetzki im Corso Verlag Wiesbaden erschienen.

Diese Buchfassung wurde übersetzt aus: Edmondo De Amicis: *Ricordi di Londra*. Mailand: Fratelli Treves Editori 1882 [1873]. Mit enthalten im italienischen Werk ist Louis Laurent Simonin: *Un'escursione nei quartieri poveri di Londra*. Traduzione dal francese di Anonimo (1882) 1862, auch zitiert als *Una Visita AI Quartieri Poveri Di Londra*. Simonins „Ein Besuch in den Elendsvierteln von London" wurde in dieses Buch nicht mit aufgenommen.

Zusätzlich wurden hilfreiche Anmerkungen aus zwei englischen Übersetzungen mit herangezogen: Edmondo De Amicis: *Jottings About London*. Boston: Alfred Mudge a. Son 1883, und Edmondo De Amicis: *Memories of London*. Translated by Stephen Parkin. Followed by *An Excursion to the Poor Districts of London*. Louis Laurent Simonin. Translated by Adam Elgar. London: Alma Classics Ltd. 2014.

Der Herausgeber und Übersetzer gesteht, dass seine Kenntnisse der italienischen Sprache „ungenügend" sind. Aber es war ihm nach der Lektüre anderer Werke von De Amicis (vor allem: *Istanbul*, *Auf dem Meer*) ein Wunsch und Bedürfnis, diesen schmaleren Text, für den sich bislang kein Verleger erwärmen konnte, auch im Deutschen vorliegen zu haben. Wie gut ihm das gelungen ist, diese Beurteilung überlasse ich dem geneigten Leser, verbunden mit dem Wunsch, dass mir zumindest für den gezeigten Fleiß ein „*" gutgeschrieben wird.

De Amicis ist ein Meister des Semikolons und langer, geschachtelter Sätze. Das passt wohl gut zur Aufzählung der auf ihn hereinprasselnden Eindrücke und Gedanken und gibt ein wenig von der ihn überwältigenden Atmosphäre wieder, von der Atemlosigkeit, mit der er das alles notiert und niedergeschrieben hat. Aber das macht den Text für den Leser – allzumal aus heutiger Sicht – nicht unbedingt lesbarer. Hier lag die Versuchung nahe, den Text zu „modernisieren", aber ich habe davon weitgehend Abstand genommen.

Bei diesem Büchlein haben mir Giulia Cantarutti, Rudolf Krüger und Thomas Noll freundliche Hilfe geleistet. Mein besonderer Dank gilt Gabriele Eckardt, die mich mit De Amicis bekannt gemacht hat und ohne die dieses Buch überhaupt nicht entstanden wäre.

Göttingen, im Dezember 2020, Klaus Hübner